초연결 지구에서 무역하라

초연결
지구에서
무역하라

무역은 사라지고, 연결만 남는다

양송이, 최건식 지음

21세기북스

여는 글

초연결 시대,
무역은 이제 실행의 문제다

기술이 없어도, 자본이 부족해도, 지금 바로 글로벌 무대에 진입할 수 있습니다. 무역 패러다임의 변화에 따라 예전에는 불가능했던 해외 진출의 기회가 열리고 있습니다. 바이어의 반응은 데이터로 읽히고, 계약은 예측 가능한 흐름이 되어가고 있습니다. 기회를 잡는 단 한 가지 조건은 '먼저 실행하는 것'입니다.

이 책은 디지털 무역을 설명하는 데 그치지 않고 누구나 바로 해외 매출로 이어지는 구조를 실행할 수 있도록 구성하였습니다. 실제 글로벌 디지털 무역 플랫폼을 만들고 수천 건의 거래를 이끌어온 저자의 경험이 디지털 무역의 철학, 전략, AI 기술, 계약 구조, 교육과 정책까지 모두 집약되어 있습니다.

당신이 연결을 설계할 수 있다면, 누구든지 지금 이 순간, 전 세계 바이어와 계약을 시작할 수 있습니다. 지금이 바로, 예측 가능한 무역의 시대를 선점할 기회입니다.

이 책은 총 9개 장으로 구성되어 있습니다. 각 장은 실행 중심의 흐름과 실제 사례로 구성되어 있으며, 단순한 설명에 그치지 않고 '바로 실행할 수 있도록' 구체적으로 표현되어 있습니다. 각 장의 내용을 간략히 살펴봅시다.

1장 · 초연결 시대, 수출이 달라졌습니다

1장에서는 수출은 더 이상 '보내는 것'이 아니라, '보이게 하는 것'임을 강조합니다.

과거의 수출은 우리가 만든 제품이나 서비스를 전시회에 가지고 나가 직접 바이어를 '찾아가서 소개하는 것'이 중심이었습니다. 즉, 직접 만나서 전달하는 방식이었죠. 하지만 초연결 시대의 무역은 완전히 달라졌습니다. 이제 바이어는 스스로 '검색'하고, '비교'하고 '판단'합니다.

따라서 직접 가지 않아도, 디지털상에서 우리의 제품과 서비스가 먼저 보이도록 설계해야 합니다. 즉, 이제는 전 세계 바이어가 필요할 때 언제든 우리의 존재를 발견하고 해석하고 신뢰할 수 있도록 '디지털 기반의 노출 구조'를 만드는 것이 수출의 시작입니다. 1장에서는 다음과 같은 내용을 다룹니다.

- 디지털 무역이 바꾼 '수출'의 정의
- 왜 AI 비저빌리티가 중요한가
- 초연결 사회, '관계'가 중심이 되다
- 관계는 어떻게 설계되는가
- 기술보다 먼저 태도
- 결론: 수출, 그 시작은 드러남이다

2장 · 디지털 무역, 수출을 다시 정의하다

수출은 더 이상 '공장에서 물건을 만든 다음 해외로 보내는 일'이 아닙니다. 바이어가 온라인에서 우리를 먼저 '찾고 읽고 판단하는 구조'를 만드는 일입니다.

예전에는 수출이란, 좋은 제품을 만든 후 수출 대행사, 무역상사, 박람회, 바이어 초청 등을 통해 우리가 바이어를 직접 찾아가는 과정이었습니다. 우리가 설명하고, 설득해야 했고, 운 좋게 마음이 맞으면 계약이 이루어졌죠.

하지만 디지털 시대, 특히 초연결 사회에 들어서면서 바이어는 이제 스스로 기업을 탐색하고 평가합니다. 필요한 제품을 찾고, 기업의 홈페이지와 SNS, 제안서, 리뷰, 뉴스 등을 보고 '이 기업이 신뢰할 만한가'를 스스로 판단합니다.

즉, 지금의 무역은 '내가 무엇을 만들었는가'보다 '바이어의 눈에 기업이 얼마나 신뢰할 수 있는가'가 우선입니다.

디지털 무역은 이러한 연결을 설계하여 구조화한 전략입니다. 기술을 어떻게 쓰고, 콘텐츠를 어떻게 보여주며, 신뢰를 어떤 방식으로 설계할지를 통합적으로 다루는 전략과 실행의 연결 구조입니다. 2장에서는 다음과 같은 내용을 다룹니다.

- 수출의 본질이 바뀌었다
- 디지털 무역의 3대 구성 요소
- 바이어 행동 분석: 실시간 행동 분석이 만드는 새로운 수출 전략
- 디지털 무역에서 설득은 '구조'
- 디지털 무역은 관계를 판다
- 디지털 무역이란 연결 가능한 구조를 설계하는 일

3장 · Connect AI, 디지털 무역 인텔리전스 플랫폼

"이제는 전시회에 가지 않고도, 수출할 수 있는 시대입니다."

디지털 무역은 더 이상 이론이 아닙니다. 누구나, 지금 이 자리에서 실행할 수 있도록 시스템으로 설계되고, 현실에서 검증된 구조가 기업에 필요합니다.

한때는 해외 바이어를 만나기 위해 박람회에 참가하고, 비행기를 타고 직접 찾아가야만 한다고 믿었습니다. 하지만 실제로 현장에서는 바이어들이 점점 박람회에 나타나지 않기 시작했습니다. 그들은 우리보다 먼저 디지털로 움직이고 있었던 것입니다. 검색하고 비교하고 판단한 후에야 연락을 주었습니다.

그 흐름을 정확히 읽지 못한다면, 수출은 더 이상 가능하지 않습니다.

3장에서는 그런 문제의식에서 출발한 디지털 무역 플랫폼 'Connect AI'가 어떻게 탄생했고, 무엇을 해결하고자 했으며, 왜 단순한 정보 제공이 아니라 '실행하게 만드는 구조'여야 했는지 설명합니다. 3장에서는 다음과 같은 내용을 다룹니다.

- 현장에서 탄생한 디지털 무역 플랫폼
- Enabler: 실행하게 만드는 철학
- 피벗의 연속, 기술과 전략의 만남
- 실행 UX: 바로 움직이게 만드는 설계
- Connect AI는 구조다

4장 · 수출이 되게 하는 기술과 전략

―――

AI 기술은 단지 '자동화'가 아닙니다. 진짜 중요한 건, 바로 실행할 수 있도록 흐름을 만드는 것입니다. 지금 우리에게 필요한 건 기술의 우위보다, '어떻게 기술을 사용해야 계약으로 이어지는지'에 대한 전략입니다.

많은 분이 수출을 시작하려 할 때 가장 먼저 묻는 말이 있습니다. "어떤 기술을 사용해야 하나요?", "어떤 시스템을 도입해야 하나요?" 하지만 이 질문은 절반만 맞습니다.

진짜 중요한 질문은 "그 기술이 바이어의 행동에 어떻게 반응하고, 계약 흐름 안에 어떻게 들어가야 하는가?"입니다.

즉, 기술은 목적이 아니라 도구입니다. 잘 설계된 기술은, 지금 누구에게 어떤 메시지를 보내야 할지를 알려주고 그 메시지가 언제, 어떻게, 무엇으로 전달될지를 결정하는 흐름을 만들어줍니다. 4장에서는 다음과 같은 내용을 다룹니다.

기술은 '보이게' 만드는 도구다

행동 분석: 기술의 흐름을 전략화하다

기술보다 중요한 것: 데이터를 읽는 힘

기술을 연결하는 전략: 메시지의 구조화

자동화보다 중요한 것: 전략화

5장 · T2M, IP 기반 수출 전략

___

수많은 기술 기업이 비슷한 고민을 합니다. "우리 기술이 정말 좋은데, 어떻게 해외에 팔 수 있을까요?", "특허는 많은데, 어디부터 시작해야 할지 모르겠습니다."

많은 기술 기업이 수출을 못 하는 이유는 기술이 뛰어나지 않아서가 아닙니다. 대부분의 기업은 충분한 경쟁력을 갖고 있습니다. 하지만 그 기술을 바이어가 이해하고 선택할 수 있게 만든 구조가 부족합니다.

따라서 IP 기반 기업이 가장 중요하게 다루어야 할 사항은 바이어 입장에서, 이 기술이 왜 필요한지, 어디에 적용되는지, 왜 지금 도입해야 하는지를 설득할 수 있는 구조를 갖추는 것입니다.

기술은 '있는 것'으로 충분하지 않습니다. 바이어에게 이해되고, 설득되어야 비로소 수출이 이루어집니다. 5장에서는 다음과 같은 내용을 다룹니다.

기술이 아닌 연결의 문제

T2M은 실행을 위한 구조다

스타터: 가능성을 수치로 증명하다

일본 바이오 시장 진출: 실행 실전 사례

확장: 수출이 반복되도록 만드는 구조

IP 기반 무역은 신뢰의 구조

6장 · IP 기반 무역은 신뢰의 구조다

___

많은 기업이 말합니다. "우리는 제품이 없고, 아직 기술만 있어요.", "아이디어는 있는데, 눈에 보이는 게 없어서 수출은 무리라고 생각해요."

하지만 수출은 '눈에 보이는 물건'이 있어야만 가능한 게 아닙니다. 오히려 지금은, 눈에 보이지 않는 무형 자산, 즉 IP(지식재산)가 가장 강력한 수출의 무기가 되고 있습니다.

기술이 뛰어나도 IP가 정리되어 있지 않으면 바이어는 신뢰하지 않습니다. 그리고 신뢰가 없으면 계약은 이루어지지 않습니다.

IP 기반 기업의 가장 큰 문제는, 기술은 갖고 있지만, 그 기술이 왜 필요한지, 어디에 적용되는지, 왜 지금 도입해야 하는지를 바이어 입장에서 설명해주는 구조가 부족하다는 점입니다.

특허 서류 한 장으로는 이것을 설명할 수 없습니다. 논문이나 기술 자료만으로는 거래까지 가지 않습니다. 기술을 수출하려면,

그 기술이 바이어가 이해할 수 있는 구조로 설계되어야 합니다. IP는 단지 '가지고 있는 것'이 아니라, '어떻게 보여주느냐'에 따라 신뢰가 달라지는 설계 대상입니다.

그리고 이 신뢰는 결국 계약을 성사시키는 가장 중요한 기반이 됩니다. 6장에서는 다음과 같은 내용을 다룹니다.

- 보이지 않는 상품, IP
- 디지털 무역의 흐름과 IP의 개입 지점
- IP 진단: 기술이전 전 반드시 거쳐야 할 관문
- 글로벌 기술 거래 구조와 전략
- IP 기반 예측형 수출 전략 프레임
- 마무리: IP는 신뢰의 실체다

7장 · 이렇게 연결했습니다: 실전 무역 성공 사례

많은 기업이 이렇게 말합니다. "우리도 수출을 하고 싶은데, 어디서부터 시작해야 할지 모르겠습니다.", "한두 번은 바이어가 연락해왔는데, 그다음 과정으로 이어지지 않더라고요."

수출은 한 번의 이벤트가 아닙니다. 흐름을 설계하고, 반응을 읽고, 구조를 따라 움직이는 과정입니다. 한 줄의 제안 메시지가 계약으로 이어지려면 그 안에 관계, 타이밍, 신뢰, 반복 가능성이 모두 담겨 있어야 합니다.

7장에서는 실제 기업들이 Connect AI의 디지털 무역 구조를 활용해 어떻게 글로벌 계약을 성사시켰는지를 '실전형 수출 흐름' 사례로 보여드립니다.

어떤 기업은 박람회에 한 번도 나가지 않고도 일본 유통사와 파일럿 계약을 맺었습니다. 또 어떤 기업은 AI 분석 기반 메시지를 바탕으로 단 한 통의 이메일로 북미 바이어와 미팅을 성사시켰습니다. 기적처럼 들리지만, 이건 운이 아니라 구조를 설계한 결과입니다. 7장에서는 다음과 같은 사례를 소개합니다.

- 예측은 가능해야 한다: 수출의 핵심은 흐름을 아는 것
- 뷰티 산업: 브랜드가 아니라, 감도의 설계였다
- 바이오 산업: 기술은 언어보다 설득이 먼저다
- SaaS 산업: 타이밍이 모든 것을 갈랐다
- 반복 가능한 수출: 우리는 운이 아니다

8장 · 디지털 무역이 바꾼 사람들

많은 사람이 이렇게 말합니다. "나는 무역 전공도 아니고, 영어에

도 자신 없어요.", "해외 무역을 언젠가 하고 싶긴 한데, 지금 내가 할 수 있는 일은 아닌 것 같아요."

하지만 디지털 무역은 전공자나 전문가만을 위한 것이 아닙니다. 이제 무역은 직함이 아니라 역할로 움직입니다.

한 인턴사원이 홈페이지에 바이어용 랜딩페이지를 만들고 AI가 추천한 타이밍에 메시지를 보냈습니다. 그 결과로 실제 바이어 회신이 오고 화상 미팅이 이루어졌습니다. 그는 어느새 '무역을 실행하는 사람'이 되어 있었습니다.

이제 무역은 특정 부서의 일이 아닙니다. 마케팅팀, 전략기획팀, 개발자, 콘텐츠 담당자, 심지어 인턴까지, 그 누구든 무역을 구성하는 구조의 일부가 될 수 있습니다. 그리고 그 구조 안에서 실행이 일어나면 그 사람은 곧 '무역을 하는 사람'이 됩니다.

디지털 무역은 사람의 역할을 바꾸고, 팀의 구조를 바꾸고, 기업의 '수출 가능성'을 바꾸고 있습니다. 8장에서는 다음과 같은 이야기를 소개합니다.

'무역팀'이 아니어도 무역을 한다

스타트업 팀의 확장: 무역 기획자라는 새로운 직무

지역 기업의 전환: 로컬에서 글로벌로

무역이 교육이 된 순간: AI 리터러시로 직무 전환

사람을 중심에 두는 기술: 무역은 결국 사람의 설계

9장 · 실행 가능한 무역 교육, 정책 그리고 생태계
___

"좋은 강의였어요." 많은 교육 프로그램이 이렇게 끝납니다. 하지만 수출은 강의를 듣는다고 내재화되기 어렵습니다. 지식이 아무리 많아도, 실행으로 연결되지 않으면 아무 의미가 없습니다.

그리고 많은 정부 사업은 이렇게 말합니다. "보고서 제출 완료. 컨설팅 제공 완료." 하지만 계약은 없었습니다. 우리 기업에 맞는 바이어는 만나지 못했고, 미팅 건수와 구매의향서를 가지고 기사로 홍보도 했지만, 해외 매출은 그대로였습니다.

이제는 교육과 정책도 바뀌어야 합니다. 단순한 '정보 전달'이나 '전시형 컨설팅'이 아니라 실제로 수출이 일어나게 만드는 구조와 흐름이 필요합니다.

Connect AI는 그 해답을 '실행 중심 교육'과 '데이터 기반 무역 정책 설계'에서 찾았습니다. 우리는 수출이 되게 만드는 구조를 누구나 이해하고 반복할 수 있도록 교육했고 지원했고 확산시켰습니다. 9장에서는 다음과 같은 내용을 다룹니다.

실행은 교실 밖에서 시작된다: 아인이의 인생 첫 비즈니스 제안서 이야기

무역을 가르치는 것 vs 무역을 되게 만드는 것

Connect AI 아카데미: 실행 교육 모델

정책은 구조다: 무역 지원 사업의 재설계 제안

생태계란 연결의 흐름이다

실행 생태계를 만드는 사람들: 무역은 팀이다

무역은 흐름입니다. 그리고 당신도 그 흐름에 설 수 있습니다. 우리는 이 책을 통해 '무역'이라는 단어에 새로운 정의를 부여하고자 했습니다. 무역은 더 이상 특정 전문가의 일이 아니며, 한 번의 전시회, 한 장의 계약서로 이루어지는 이벤트도 아닙니다.

무역은 관계를 설계하는 일이었고, 그 관계는 설득 가능한 흐름 속에서만 만들어졌습니다. 우리는 기술을 다루었지만, 기술만으로는 계약을 만들 수 없다는 걸 확인했습니다. 데이터는 방향을 보여줬지만, 설득은 결국 사람이 했습니다. 그리고 가장 중요한 것은 실행이었습니다.

이제 무역은 시스템으로 실행되고, 팀이 협력해 흐름을 설계하며, 정책이 그 흐름을 지원해야 하는 시대가 되었습니다.

당신이 지금 무역을 처음 시작하든, 이미 수출 현장에 있든, 이제 필요한 것은 '더 많은 지식'이 아니라, 실행 가능한 구조와 연결의 감각입니다. 이 책이 그 구조를 설계하는 데 작은 나침반이 되었기를 바랍니다. 그리고 지금 이 순간, 당신이 '첫 실행'을 시작한다면, 그것이 바로 디지털 무역의 시작입니다.

2025년 가을

양송이, 최건식, Connect AI 일동

차례

여는 글 _ 초연결 시대, 무역은 이제 실행의 문제다　　　　　　　… 4

1장　초연결 시대, 수출이 달라졌습니다

디지털 무역이 바꾼 '수출'의 정의　　　　　　　… 26
왜 AI 비저빌리티가 중요한가　　　　　　　　　… 27
초연결 사회, '관계'가 중심이 되다　　　　　　　… 28
관계는 어떻게 설계되는가　　　　　　　　　　… 32
기술보다 먼저 태도　　　　　　　　　　　　　… 34
결론: 수출, 그 시작은 드러남이다　　　　　　　… 36

2장　디지털 무역, 수출을 다시 정의하다

수출의 본질이 바뀌었다　　　　　　　　　　　　… 41
디지털 무역의 3대 구성 요소　　　　　　　　　… 43
바이어 행동 분석: 실시간 행동 분석이 만드는 새로운 수출 전략　… 52
디지털 무역에서 설득은 '구조'　　　　　　　　… 56
디지털 무역은 관계를 판다　　　　　　　　　　… 60
디지털 무역이란 연결 가능한 구조를 설계하는 일　… 62

3장   **Connect AI, 디지털 무역 인텔리전스 플랫폼**

현장에서 탄생한 디지털 무역 플랫폼 … 69
Enabler: 실행하게 만드는 철학 … 72
피벗의 연속, 기술과 전략의 만남 … 74
실행 UX: 바로 움직이게 만드는 설계 … 76
Connect AI는 구조다 … 81

4장   **수출이 되게 하는 기술과 전략**

기술은 '보이게' 만드는 도구다 … 87
행동 분석: 기술의 흐름을 전략화하다 … 88
기술보다 중요한 것: 데이터를 읽는 힘 … 91
기술을 연결하는 전략: 메시지의 구조화 … 93
자동화보다 중요한 것: 전략화 … 96

5장   **T2M, IP 기반 수출 전략**

기술이 아닌 연결의 문제 … 101
T2M은 실행을 위한 구조다 … 104
스타터: 가능성을 수치로 증명하다 … 108

일본 바이오 시장 진출: 실행 실전 사례	… 112
확장: 수출이 반복되도록 만드는 구조	… 114
IP 기반 무역은 신뢰의 구조	… 117

6장 IP 기반 무역은 신뢰의 구조다 _최건식 CIPO

보이지 않는 상품, IP	… 121
디지털 무역의 흐름과 IP의 개입 지점	… 127
IP 진단: 기술이전 전 반드시 거쳐야 할 관문	… 137
글로벌 기술 거래 구조와 전략	… 143
IP 기반 예측형 수출 전략 프레임	… 150
마무리: IP는 신뢰의 실체다	… 155

7장 이렇게 연결했습니다: 실전 무역 성공 사례

예측은 가능해야 한다: 수출의 핵심은 흐름을 아는 것	… 159
뷰티 산업: 브랜드가 아니라, 감도의 설계였다	… 162
바이오 산업: 기술은 언어보다 설득이 먼저다	… 164
SaaS 산업: 타이밍이 모든 것을 갈랐다	… 166
반복 가능한 수출: 우리는 운이 아니다	… 168

8장 디지털 무역이 바꾼 사람들

'무역팀'이 아니어도 무역을 한다 ... 173
스타트업 팀의 확장: 무역 기획자라는 새로운 직무 ... 175
지역 기업의 전환: 로컬에서 글로벌로 ... 177
무역이 교육이 된 순간: AI 리터러시로 직무 전환 ... 180
사람을 중심에 두는 기술: 무역은 결국 사람의 설계 ... 182

9장 실행 가능한 무역 교육, 정책 그리고 생태계

실행은 교실 밖에서 시작된다: 아인이의 인생 첫 비즈니스 제안서 이야기 ... 187
무역을 가르치는 것 vs 무역을 되게 만드는 것 ... 191
Connect AI 아카데미: 실행 교육 모델 ... 193
정책은 구조다: 무역 지원 사업의 재설계 제안 ... 195
생태계란 연결의 흐름이다 ... 208
실행 생태계를 만드는 사람들: 무역은 팀이다 ... 210

닫는 글 _ 디지털 무역의 시작을 위하여 ... 213
감사의 글 ... 215

1장

초연결 시대, 수출이 달라졌습니다

지금 우리는 바뀐 세상에 살고 있습니다. 무역도 변했습니다. 거래는 여전히 일어나지만, 그 방식은 완전히 달라졌습니다. 인공지능이 우리보다 먼저 반응하고, 바이어는 직접 만나기 전에 이미 기업을 평가합니다.

예전에는 사람을 만나서 설명하고, 제품을 보여주어야 수출이 가능했습니다. 하지만 지금은 그렇지 않습니다. 사람에게 보여도 디지털에서 보이지 않으면, 선택되지 않습니다.

이제 수출은 물건을 만들어서 보내는 게 아니라, 먼저 디지털 세상 속에서 '보이게' 만드는 것에서 시작됩니다. 사람들이 온라인에서 나를 찾을 수 있어야 하고, 검색 결과에 내가 뜨고, 내 정보가 신뢰감 있게 보여야 바이어가 '이 회사 괜찮다'라고 판단합니다.

이 책은 이러한 변화에 초점을 맞추었습니다. 수출이 어떻게 바뀌었고, 앞으로는 무엇을 먼저 준비해야 하는지 누구나 이해할 수 있도록 차근차근 설명해드립니다.

디지털 무역이 바꾼 '수출'의 정의

예전의 수출은 지금과 비교해 상대적으로 간단했습니다. 좋은 제품을 만들고, 박람회에 나가고, 거기서 바이어를 만나 제품을 소개한 뒤, 계약을 체결하고 해외로 물건을 보내면 끝이었습니다.

하지만 지금은 다릅니다. 이제 바이어는 박람회에 오지 않습니다. 그 대신 직접 기업을 검색하고, 스스로 판단합니다.

과거에는 우리가 바이어를 찾아다녔다면, 지금은 바이어가 온라인에서 우리의 흔적을 먼저 읽습니다. 즉, 수출의 중심은 '제품'에서 '관계 설계'로 바뀌었습니다.

좋은 제품을 갖고 있어도, 그 제품이 왜 필요한지, 어떻게 써야 하는지, 이 기업이 믿을 만한지를 바이어가 쉽게 이해할 수 없다면 수출 계약은 성사되지 않습니다.

그래서 중요한 건 '드러남'입니다. 여기서 말하는 드러남은 단순한 광고나 노출이 아닙니다. 내 기업이 디지털 세상에서 어떻게 보이고, 어떻게 해석되고, 얼마나 신뢰받을 수 있는가를 말합니다.

왜 AI 비저빌리티가 중요한가

요즘 바이어는 직접 묻지 않습니다. 그 대신 검색합니다. 웹사이트를 엽니다. 챗GPT나 브라우저에 기업 이름을 쳐봅니다. 그 결과로 거래 가능성을 판단합니다. 그리고 그 과정에서 사람이 아니라 AI 시스템이 먼저 판단합니다.

AI는 홈페이지, 콘텐츠, 응답 속도, 리뷰, 키워드, 메타 데이터 등 우리가 남긴 구조화된 정보를 분석해 '이 기업은 신뢰할 만한가?'를 평가합니다.

이 과정을 우리는 디지털 신뢰도 즉, 'AI 비저빌리티(AI Visibility, AI 가시성)'라고 부릅니다. 즉, AI가 우리를 얼마나 잘 찾고, 정확히 이해하고, 추천할 수 있느냐의 문제입니다.

그래서 디지털 무역은 단순히 이메일을 보내는 게 아닙니다. 보이게 설계하는 일, 신뢰를 구조화하는 일입니다. 그것이 바로 지금 우리가 말하는 디지털 무역의 본질입니다.

초연결 사회, '관계'가 중심이 되다

지금은 모든 것이 연결된 시대입니다. 사람과 사람뿐 아니라, 사람과 기업, 기업과 고객, 시스템과 플랫폼까지 실시간으로 서로를 인식하고, 반응하고, 상호작용합니다. 이걸 '초연결 사회'라고 부릅니다.

단순히 와이파이가 빠르거나, 스마트폰을 많이 쓴다는 의미가 아닙니다. 모든 것이 디지털상에서 연결되고, 바로 반응할 수 있는 구조로 바뀌었다는 뜻입니다.

이 변화는 무역, 특히 수출에 어떤 영향을 줄까요?

예를 들어, 한 해외 바이어가 스마트폰으로 '친환경 식품 포장재'를 검색합니다. 그는 지금 자신의 문제를 해결해줄 회사를 찾는 중입니다. 그 순간, 검색 결과에 어떤 한국 기업의 웹사이트가 뜹니다. 그걸 클릭하는 순간부터, 그 기업은 이미 평가 대상이 됩니다. 그 회사에 실제 가보지 않아도, 경영자를 직접 만나지 않아도, 홈페이지 하나만으로 신뢰할 수 있는지, 반응이 빠른지, 제품이 정확한지를 판단할 수 있습니다.

이렇듯 바이어가 마주하는 온라인상의 기업 첫인상을 우리는 '디지털 페르소나'라고 부릅니다. 이 안에는 바이어가 알고 싶어 하는 정보가 명확하게 담겨 있어야 합니다.

- 이 회사는 어떤 이야기와 정체성을 갖고 있는가? (브랜드 아이덴티티)
- 제품의 특징과 경쟁력은 무엇인가? (제품 정보 구조화)
- 문의했을 때 얼마나 빠르게 응답해줄 수 있는가? (커뮤니케이션 구조와 역량)
- 실제 고객들은 어떤 평가를 남겼는가? (고객 리뷰, 평판 정보)
- SNS나 유튜브에서 어떻게 활동하고 있는가? (디지털 존재감)

이 모든 요소가 바이어의 디지털 판단력을 자극합니다. 그리고 그것이 바로 지금 이 시대의 '관계'가 만들어지는 방식입니다.

이메일 발송, 전화, 미팅을 통한 신뢰 구축은 여전히 중요합니다. 다만 오늘날 바이어는 그 이전 단계에서 검색과 디지털 노출을 통해 해당 기업을 1차 평가하고 접근 여부를 결정합니다.

보이지 않으면 잊히고, 정보가 엉켜 있으면 신뢰를 잃고, 반응이 늦으면 다른 기업으로 기회가 넘어갑니다. 그래서 지금 우리는 '보이기 위한 홈페이지'가 아니라 '연결되기 위한 구조'를 만들어야 합니다.

초연결 사회에서 무역이란 단순히 제품을 파는 게 아닙니다. 디지털 신호를 통해 관계를 만들고, 그 관계를 통해 신뢰를 얻는 일입니다. 즉, 수출을 하기 위해서는 먼저 관계를 만들어야 하고, 그 관계는 이제 대면이 아닌 디지털 상호작용으로 시작됩니다.

➤ 전체 흐름 요약 - 6단계 흐름 구성

① 바이어의 문제 인식

- 상황: 해외 바이어가 '친환경 식품 포장재'를 찾고 있음
- 검색: 니즈 기반 키워드 검색(예: 친환경 포장재 supplier)

② 검색 결과 중 한국 기업의 홈페이지 클릭

- 상황: 검색 상위 노출
- 디지털 신뢰도: 바이어는 검색을 통해 귀사를 발견합니다

③ 홈페이지 내 정보 구조와 챗봇 반응

- 상황: 홈페이지 내 제품 정보 확인, 챗봇과의 대화 창
- 챗봇: "A사 제품은 FSC* 인증 포장재인가요?"와 같은 질문에 즉각 응답, 신뢰 형성

④ 바이어가 챗GPT나 검색을 통해 추가 검토

- 상황: 바이어는 챗GPT 등 AI 기반 검색 도구에 "A사 신뢰할 수 있는가?"와 같은 질문을 입력, 추가 검토 진행
- AI 비저빌리티: AI가 답하는 기업 정보 = 디지털 신뢰도

---

*   FSC: 산림관리협의회, Forest Stewardship Council.

⑤ 기업은 바이어의 행동을 자의적(자발적) 관심으로 인식
- 상황: 홈페이지 방문 3회, 챗봇 문의 다수 알림
- 인지: 열람·클릭·챗봇 대화 데이터 → 실시간 행동 분석

⑥ 기업에서 먼저 연락 → 실제 컨택
- 상황: 제안서 자동 발송 + 1:1 화상 미팅 연결
- 구조화: 선제적으로 연락을 취하는 기업이 준비된 기업으로 인식되며, 이에 따라 신뢰와 계약 가능성이 커짐

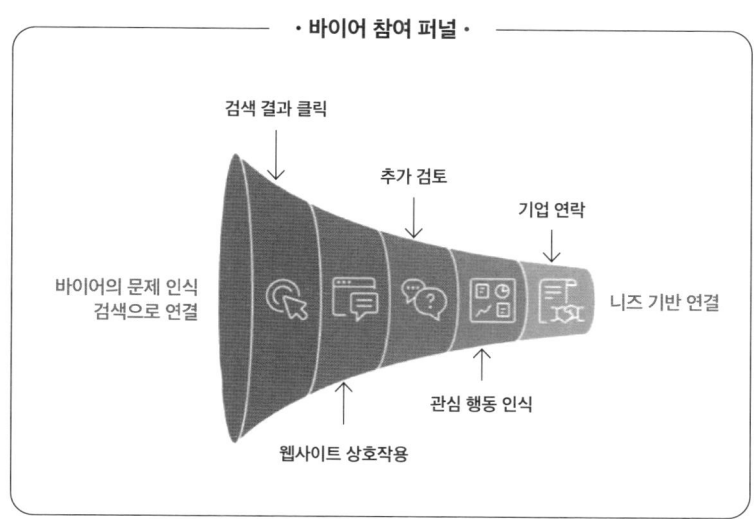

관계는 어떻게 설계되는가

우리는 종종 관계를 '감정'의 영역으로 생각합니다. 친근함, 신뢰, 공감 같은 요소들이 관계를 형성한다고 믿죠. 그러나 초연결 시대의 디지털 무역에서 관계는 감정보다 '구조'로 작동합니다. 특히 바이어와 기업 간의 관계는 일종의 정보 흐름 설계 구조에 따라 형성됩니다.

즉, 관계는 느끼는 것이 아니라 '해석하는' 것입니다. 그리고 그 해석의 기준은 다음과 같은 무형의 신호들에 기반합니다.

- 첫 응답 속도: 3시간 이내에 회신이 오는가?
- 메시지 스타일: 불필요한 수식어 없이 핵심이 명확한가? 존중의 어조는 있는가?
- 제안 방식: 가격, 조건, 납기 일정이 구체적으로 제시되는가?
- 신뢰성 증거: 인증서, 레퍼런스, 실제 납품 사례가 첨부되어 있는가?
- 문제 해결력: 예상 질문에 대한 사전 설명이 포함되어 있는가?

이러한 정보 하나하나가 바이어에게는 '디지털 신뢰의 단서'로 작용합니다. 즉, 기업이 보내는 모든 디지털 메시지는 그 자체로 하나의 구조화된 신호이며, 이 신호의 '조합'이 관계를 만들어내는 것입니다.

예를 들어, 이메일 회신이 하루 넘게 걸리고, 메시지의 톤이 모호하며, 제안 내용에 정확한 수치나 조건이 빠져 있다면, 아무리 좋은 제품이라도 바이어는 그 기업을 '불안정한 파트너'로 인식하게 됩니다.

반대로 회신은 빠르고, 문장은 정확하며, 제안서에 구체적인 비교표와 일정표가 들어 있다면 바이어는 '예측 가능하고, 체계적인 파트너'로 판단합니다. 이 판단은 곧 '거래로 이어질 수 있는 관계'의 시작입니다.

여기서 중요한 사실은, 이 모든 과정이 감정이 아닌 '구조적 설계'에 의해 가능하다는 점입니다. 말 한마디, 문서 한 장, 버튼 하나에 이르기까지 모든 접점이 전략적으로 구성되어야 합니다. 이를 '관계 설계'라고 부릅니다.

더 나아가, 이 관계 설계는 기술을 활용할 때 훨씬 더 정교하고 지속 가능한 방식으로 구현될 수 있습니다. 예를 들어 자동 응답 챗봇을 통해 바이어의 문의에 즉시 응대하고, 상담 이력을 CRM 시스템에 저장하여 고객별 니즈를 추적하고, 데이터 기반 개인화 메시지를 통해 바이어가 과거 어떤 제품을 관심 있게 봤는지를 바탕으로 맞춤형 제안을 보낼 수 있습니다.

이처럼 기술은 단지 '도구'가 아니라, '관계를 자동으로 설계하고 유지하는 시스템'으로 발전하고 있습니다. 디지털 시대의 수출에서 우리가 설계해야 할 것은 더 이상 '감정적 친밀감'이 아닙니다.

우리가 설계해야 할 것은 '신호의 흐름'이고, '디지털 구조화된 신뢰'입니다. 그 설계가 곧 수출의 출발점이 되는 시대에 우리는 살고 있습니다.

기술보다 먼저 태도

우리는 종종 문제를 해결하기 위해 최신 기술을 찾습니다. CRM, 마케팅 자동화 툴, 실시간 데이터 분석, 고객 여정 추적 도구, 챗봇, 이메일 A/B 테스트 툴 등 수출을 위한 도구는 넘쳐납니다. 실제로 이 기술들은 관계를 구조화하고, 바이어와의 소통을 자동화하며, 인사이트를 축적하는 데 큰 역할을 합니다.

그러나 기술은 '수단'일 뿐입니다. 문제는 그 수단을 '어떻게, 왜, 어떤 자세로' 사용하는가에 있습니다. 기술은 방향 없는 조직에게는 그저 비싼 장난감으로 전락할 수 있습니다. 반면, 명확한 태도를 가진 조직에게는 기술이 곧 확장성과 신뢰의 도구가 됩니다.

디지털 수출 환경에서 가장 먼저 갖춰야 할 것은 기술보다 먼저, '태도의 프레임워크'입니다. 이 프레임워크는 다음과 같은 세 가지 요소로 구성됩니다.

① 보이게 하겠다는 의지(Visibility Intent)
그냥 웹사이트를 만들어두는 것과 '나를 명확히 보이게 만들겠다'는 태도는 전혀 다릅니다. 후자는 전략적인 콘텐츠 배치, 브랜드 정체성 설계, 응대 구조 설계로 이어집니다.

② 설득 가능한 구조를 만들겠다는 목적성(Persuasive Structuring)
정보는 흘러야 합니다. 제품 소개가 아니라, 해결책을 제시하는 구조로 제안이 구성되어야 합니다. 마치 바이어의 입장에서 질문하고, 그 질문에 체계적으로 답하는 듯한 구조여야 합니다.

③ 해석하기 쉬운 언어를 쓰겠다는 배려(Interpretability)
지나치게 기술적인 용어나 자의적인 표현은 오히려 신뢰를 저해합니다. 상대의 배경과 인지 수준을 고려한 언어 선택이 곧 '전략'이며 '관계 유지 장치'입니다.

이 세 가지는 단순한 친절함이 아닙니다. 이것이야말로 디지털 무역의 핵심 경쟁력입니다. 아무리 좋은 기술을 도입해도, 이 태도가 없다면 그것은 '깨어진 그릇에 물을 붓는 것'과 같습니다.
기업의 존재 방식이 따뜻하고, 열린 구조를 가지고 있으며, 질문에 반응하고 귀를 기울이는 태도를 갖추고 있다면, 기술은 그 가치를 배가시킬 수 있습니다. 반면, 외형만 갖춘 비활성 기업은 기술을 갖춰도 '드러나지 않습니다.'
'드러남'은 전략이기도 하지만, 동시에 '태도의 발현'입니다. 검색에 노출되고 클릭되고 응답되는 것은 기술의 작동일 수 있지만, 신뢰받고 관계로 이어지고 설득되는 것은 결국 '기업의 태도'로 결정됩니다.
초연결 사회에서 살아남는 기업은 기술을 도입한 기업이 아니라, '드러나겠다는 태도' 즉 연결을 실행에 옮긴 기업입니다.

결론: 수출, 그 시작은 드러남이다

우리는 지금, 무역의 본질이 전환된 시대에 서 있습니다. 수출은 더 이상 단순히 '좋은 제품을 만들어 누군가에게 보내는 일'이 아닙니다.
수출은 이제, 기업이 '존재한다'는 것을 어떻게 드러내는가, 그 드러남이 어떻게 바이어에게 해석되는가, 그리고 그 해석이 신뢰로 이어지는가에 달려 있습니다. 이에 따라 수출의 문이 열릴 수도, 닫힐 수도 있습니다.

이 '드러남'은 화려한 기획서나 외주 제작된 PT 슬라이드가 만들어내는 것이 아닙니다. 그것은 매일의 작은 선택들, 응답하는 태도, 정돈된 콘텐츠, 바이어를 생각한 표현 방식 등 기업의 존재 방식 전반에서 만들어집니다.

우리는 지금 중요한 전환점에 서 있습니다. '무엇을 팔 것인가'를 고민하던 시대에서 '어떻게 보일 것인가'를 먼저 고민해야 하는 시대로 바뀌는 지점입니다.

그 보임은 우연이 아니라, 의도를 가진 설계의 결과입니다. 그리고 그 설계는 관계를 만들고, 그 관계는 신뢰를 형성하며, 그 신뢰가 결국 수출로 이어지는 구조를 만듭니다.

디지털 무역의 시작은 기술이 아닙니다. 태도입니다. 관계입니다. 드러남입니다.

지금 이 책의 첫 장을 읽고 있는 여러분은, 이제 중요한 질문 하나를 마주하게 됩니다. "당신의 기업은 지금 어떻게 보이고 있습니까?" 그리고 "바이어의 눈에 어떻게 해석되고 있습니까?"

수출은 이제, '드러남'의 전략에서 시작됩니다.

2장

디지털 무역, 수출을 다시 정의하다

수출의 본질이 바뀌었다

수출이라는 단어를 들으면, 우리는 여전히 '물류 창고'나 '컨테이너' 같은 물리적 이미지를 떠올립니다. 하지만 디지털 무역 시대의 수출은 그 이미지보다 훨씬 앞에서 시작됩니다. 제품이 생산되기 이전, 심지어 바이어와의 첫 대화보다도 먼저, 수출은 '존재감의 설계'라는 이름으로 이미 작동을 시작합니다.

이 변화는 단순한 기술의 도입 또는 새로운 플랫폼의 등장만으로 설명할 수 없습니다. 이것은 무역의 패러다임, 즉 '무엇을 어떻게 사고판다'는 사고방식 자체의 전환입니다.

예전에는 수출을 이렇게 정의할 수 있었습니다. "좋은 제품을 만들어 해외에 보내는 행위." 하지만 이제는 이렇게 정의해야 합니다. "해외의 잠재 고객에게 먼저 존재를 드러내고, 신뢰를 쌓으며, 거래의 흐름을 설계하는 일련의 과정."

이 말은 곧, 수출의 '본질'이 제품 중심에서 관계 중심으로, 물류 중심에서 설계 중심으로 이동했다는 뜻입니다.

예를 들어, A 기업이 만든 식품 패키지는 예전 같으면 품질, 단가, 납기일이 중심 이슈였습니다. 하지만 지금은 바이어가 먼저 그 기업이 존재하는지, 어떤 철학을 갖고 있는지, 어떻게 고객과 커뮤니케이션하는지, 디지털 공간에서 어떤 레퍼런스를 확인할 수 있는지를 살펴봅니다.

다시 말해, 수출의 출발점은 제품이 아니라 구조이며, 그 구조는 설계된 연결과 해석 가능한 흐름으로 구성되어야 합니다.

이 변화는 기업에 아주 본질적인 질문을 던집니다. "당신은 누구에게 보이고 있는가?", "그들은 당신을 어떻게 인식하고 있는가?", "당신의 존재는 검색되고 있는가, 설득되고 있는가?"

이제 더 이상 '팔 수 있는가'를 묻는 시대가 아닙니다. 우리는 '연결될 수 있는가', '신뢰받을 수 있는가'를 먼저 물어야 합니다.

결국, 디지털 무역에서 수출은 생산의 문제가 아니라, 관계 설계의 문제입니다. 기술은 그 설계를 돕는 도구일 뿐이며, 본질은 우리가 어떻게 연결되고, 어떻게 신뢰를 받을 것인가에 달려 있습니다. 이제 수출은 말 그대로 디지털 설득의 구조가 되었습니다.

그리고 그 구조는 하루아침에 만들어지지 않습니다. 그것은 기업의 태도, 콘텐츠, 응답성, 그리고 연결의 의도가 모여 이루는 정교한 결과물입니다.

디지털 무역의 3대 구성 요소

디지털 무역은 단순히 기술을 '사용하는 일'이 아닙니다. 그보다 중요한 건, 기술(technology), 콘텐츠(content), 신뢰 설계(trust architecture)라는 세 요소를 하나의 시스템처럼 연결하고 작동시키는 것입니다. 이 세 가지가 조화롭게 맞물릴 때 비로소 수출은 '실행 가능한 구조'가 됩니다.

이 구성은 마치 오케스트라와 같습니다. 기술이 리듬을 만들고, 콘텐츠가 멜로디를 구성하며, 신뢰 설계가 전체 곡의 조화를 지휘합니다. 세 요소 중 하나라도 부실하면, 고객은 브랜드 전체를 불협화음처럼 인식하게 됩니다. 이제 각각의 요소가 실제로 어떻게 작동하는지 살펴보겠습니다.

먼저, '기술'입니다. 기술은 실행을 가능하게 하는 가장 중요한 뼈대입니다.

1) 기술: '데이터 기반 실행력'

디지털 무역에서 기술은 단순히 툴을 많이 쓰고 있다는 것을 의미하지 않습니다. 진짜 경쟁력은 그 기술들이 얼마나 잘 연결되어 있고, 바이어의 행동에 얼마나 빠르게 반응하는지에 달려 있습니다. 기술은 결국 바이어를 관찰하고 예측하고 관계를 설계하고 유지하게 해주는 실행 도구입니다.

① 실시간 관심 행동 분석 기술(RTDIA)

바이어가 이메일을 몇 번 열람했는지 제안서의 어느 페이지에 오래 머물렀는지, 콘텐츠를 내부 팀원들과 공유했는지, 특정 섹션에서 이탈했는지 등 그들의 자의적인 행동을 모니터링하고 적극적인 행동과 소극적인 행동을 해석하고 기록합니다.
이 데이터를 통해 어떤 설명이 설득력을 갖는지, 어느 부분에서 정보가 부족한지를 빠르게 파악하고, 콘텐츠 구조를 정교하게 개선할 수 있습니다.

② CRM 시스템(Customer Relationship Management)

이는 단순한 고객 명단 관리가 아닌, 바이어와의 관계 흐름을 기억하고 제안 타이밍을 설계하는 시스템입니다. 예를 들어, 과거 견적 요청 이력, 클릭 로그, 메일 오픈 여부 등을 바탕으로 '지금 다시 접근해야 할 시점'을 자동으로 분석하고 알려줍니다. CRM은 '관계를 유지하는 기술'입니다.

③ **자동화 메시징(Automated Messaging)**

바이어가 제품 페이지에 머물거나 제안서를 다운로드하는 행동에 맞춰 자동으로 이메일, 알림, 팝업 메시지를 전송하는 시스템입니다.

예를 들어, "방금 보신 제품에 대한 샘플 요청은 여기서 하실 수 있습니다"처럼 행동 기반으로 맞춤형 유도를 실시간 실행합니다. 이 자동화는 '정확한 타이밍의 설득'을 가능하게 만듭니다.

④ **AI 기반 대응 챗봇**

시차나 국가에 구애받지 않고, 바이어의 질문에 즉시 응답할 수 있도록 도와주는 인공지능 챗봇입니다. 단순 응답을 넘어, 이전 대화 내용을 기억하고, 제품 추천, 견적 링크 안내, 후속 질문 유도까지 수행합니다. 챗봇은 24시간 대응하는 디지털 영업사원입니다.

결국, 기술은 관계의 '속도'와 '연속성'을 가능하게 합니다. 단절 없는 응답, 행동 기반 설득, 데이터 축적형 제안 흐름이 모두 이 기술 인프라 위에서 구현됩니다. 기술은 단순한 보조 수단이 아니라, 수출의 연결 구조 자체를 설계하는 '실행의 뼈대'입니다.

2) 콘텐츠: '보이는 신뢰의 언어'

디지털 무역에서 기업의 첫인상은 제품이 아닌 콘텐츠를 통해 결정됩니다. 바이어는 우리 제품을 직접 만져볼 수 없습니다. 우리가 누구인지, 무엇을 제공하는지, 왜 신뢰할 수 있는지를 화면 속 콘텐츠를 통해 판단합니다.

이때의 콘텐츠는 단지 블로그 글 몇 개, 세련된 홈페이지 디자인만을 의미하지 않습니다. '기업의 존재 자체를 해석할 수 있는 모든 정보 구조'를 포함합니다.

① 브랜드 스토리를 담은 About 페이지

바이어는 '이 기업이 무엇을 하는가'보다, '왜 이런 일을 하며 어떤 철학을 갖고 있는가'를 알고 싶어 합니다. 단순히 "2005년 설립, ○○ 제품 제조" 식의 나열형 소개는 통하지 않습니다. 브랜드 스토리가 있다는 건, '이 기업은 자기가 누구인지 알고 있으며, 왜 존재하는지 설명할 수 있는 기업'이라는 뜻이 됩니다.

예를 들어 창업 계기, 시장의 어떤 문제를 해결하려 했는지, 고객과 어떤 가치를 함께 만들어가고 싶은지 등을 정제된 언어로 서

술한 About 페이지는 바이어에게 '이들은 장기적 파트너로 믿을 수 있겠다'는 인상을 줍니다.

② **정돈된 제품 정보와 가격 제안서**

기술적 스펙만 잔뜩 나열된 제품 설명은 설득력을 갖기 어렵습니다. 바이어가 궁금해하는 것은 단순한 성능 수치가 아니라 '이 제품이 나의 문제를 어떻게 해결해줄 수 있는가'입니다. 이를 위해선 상용화 시나리오, 실제 적용 예시, 비교표 형식의 요약 정보가 포함되어야 합니다.

또한, 제안서에는 가격뿐 아니라 최소 주문 수량, 납기일, 유통 방식 등의 구조화된 제안 요소가 담겨 있어야 합니다. '보기 쉬운 제안서'는 곧 '일하기 쉬운 파트너'임을 드러내는 신호입니다.

③ **실제 고객의 리뷰 및 사용 후기**

바이어는 당신의 설명이 아닌, 다른 고객의 경험을 통해 신뢰 여부를 판단합니다. 링크드인(LinkedIn) 후기, 유튜브 언박싱 영상, B2B 거래 후 평가 등이 모두 '외부 시선'으로서 강력한 신뢰 콘텐츠입니다.

특히 같은 산업군 또는 유사한 시장의 고객 사례일 경우, '우리도 이 기업과 일해도 되겠구나'라는 심리적 확신을 줍니다. 이런 리뷰는 단순한 마케팅 문구보다 10배 이상 신뢰도가 높다는 것이 입증되었습니다.

④ 기업 소개 영상, 제품 데모 영상

텍스트보다 훨씬 빠르고 직관적인 설득 도구가 바로 영상입니다. 기업 공간, 구성원의 표정, 제품의 실제 작동 장면 등을 보여주는 30~90초 내외의 영상 콘텐츠는 바이어에게 '말보다 먼저 전달되는 신뢰의 감각'을 제공합니다.

특히 제품 데모 영상은 문의 전에 자주 참조되는 핵심 콘텐츠이며, 고객이 상담을 시작하기 전 '자기 주도형 이해'를 가능하게 만듭니다.

⑤ 문화와 철학이 담긴 이메일 문구

이메일 한 줄, 문의 회신의 톤에서도 기업의 정체성이 드러납니다. 예를 들어 "빠른 응답 드리지 못해 죄송합니다. 기다려주셔서 감사합니다." 같은 문장 하나를 바이어는 예리하게 기억합니다.

'상대를 배려하는 문장'을 가진 기업은 결국 선택받습니다. 디지털 공간에서 메시지는 곧 태도이며, 그 태도는 콘텐츠의 일부로 기능합니다.

이 모든 콘텐츠는 개별 요소처럼 보일 수 있지만, 실은 하나의 메시지를 향해 연결됩니다. "이 기업은 정돈되어 있고, 예측 가능하며, 내가 신뢰해도 괜찮다."

디지털 무역에서 콘텐츠는 단지 '보이는 것'이 아닙니다. 그것은 바이어의 신뢰 판단을 유도하는 설계된 언어 체계입니다. 좋은 콘텐츠는 말하지 않아도 신뢰를 전합니다. 바이어가 직접 찾고 해석하고 판단할 수 있게 도와주는 '열려 있는 정보 구조'가 곧 수출의 첫 문이 됩니다.

3) 신뢰 설계: '보이지 않는 총합의 인상'

기술이 아무리 정교하고, 콘텐츠가 아무리 풍부해도, 그 둘이 하나의 방향성을 갖고 유기적으로 작동하지 않는다면 바이어는 신뢰하지 않습니다. 바이어가 경험하는 것은 '부분'이 아니라 '전체'이기 때문입니다.

신뢰 설계란, 기술과 콘텐츠를 '일관된 경험 흐름'으로 조율하고 연결하는 과정입니다. 이를 통해 바이어는 다음과 같은 인상을 형성하게 됩니다.

- 이 기업은 내가 말하지 않아도 내 니즈를 알고 있다.

- 이 기업과 일하면, 복잡한 일이 생겨도 이 기업이 정리해줄 것 같다.
- 처음부터 끝까지 정돈된 흐름을 보니 믿을 수 있겠다.

신뢰 설계는 다음과 같은 질문을 바탕으로 구성됩니다.
첫째, "바이어가 이 기업을 처음 접했을 때 어떤 인상을 받을까?"
첫 3초 안에 '프로페셔널하다', '정리되어 있다', '대응할 줄 아는 조직이다'라는 인상을 줘야 합니다. 그렇지 않으면 클릭은 곧 이탈로 이어집니다. 이 첫인상은 로고 위치나 배너 색상이 아니라, 정보의 흐름, 구조의 명확성, 그리고 언어의 친절함으로 결정됩니다.
둘째, "이 콘텐츠와 시스템이 '신뢰할 수 있다'는 메시지를 줄 수 있는가?"
정보가 누락되거나 과장되어 있다면 바이어는 혼란을 느끼고 떠납니다. 예를 들어, 제품은 좋지만 납기일이 명확하지 않거나, 이메일 답변은 빠른데 홈페이지 정보는 오래된 경우, 그 불균형이 '불안정한 파트너'라는 신호로 해석됩니다. 신뢰 설계는 이런 단절을 없애고 모든 채널이 같은 메시지를 말하게 하는 작업입니다.
셋째, "이 기업은 예측 가능하고 반응하는 구조를 갖고 있는가?"

예측 가능성은 거래에서 가장 강력한 신뢰 요인입니다. 언제 답이 올지 모르는 기업보다, "평균 응답 시간은 3시간 이내입니다"라고 명시한 기업이 더 신뢰를 받습니다. 또한, 고객이 예상하는 질문에 미리 답해주는 구조, FAQ, 사용자 가이드, 빠른 피드백 체계는 '이 기업은 나를 귀찮게 하지 않을 것 같다'는 심리적 안정을 제공합니다.

신뢰 설계는 눈에 보이지 않습니다. 하지만 그 효과는 강력합니다. 그것은 웹사이트의 '길잡이 역할', 이메일의 문장 톤, 상담 프로세스의 흐름 속에 숨어 있으며, 결국 바이어의 마음속에서 '이들과 함께 일하고 싶다'는 결정으로 표출됩니다.

따라서 신뢰 설계에는 다음과 같은 구성 요소가 포함되어야 합니다.

① 표현 방식의 일관성: 브랜드 언어, 컬러, 말투, 제목 스타일 등
② 응답 속도 설계: 실시간 챗봇, 평균 응답 시간 명시, 문의 후 자동 안내 메일 등
③ 콘텐츠 흐름의 논리성: 페이지 내 정보 배치, CTA 버튼 위치, 관련 링크 연결성
④ 바이어 언어에 대한 감수성: 기술적 언어의 번역, 문화적 배려, 복잡한 용어의 친절한 설명

⑤ 브랜드의 태도: 문의에 대한 사려 깊은 회신, CS 응대 방식, 피드백 반영 절차

신뢰는 설득이 아니라 해석의 결과입니다. 바이어가 기업을 '해석하기 쉽다'고 느낄 때, 비로소 신뢰가 형성됩니다.
디지털 무역은 이제 '기술을 갖췄느냐'의 문제가 아닙니다. 기술과 콘텐츠, 메시지와 행동이 '같은 방향을 향해 연결되어 있느냐'가 핵심입니다.
우리는 이제 이렇게 물어야 합니다. "기술은 준비되어 있습니까?", "콘텐츠는 설계되어 있습니까?", "그리고 이 모든 요소는 바이어로부터의 신뢰라는 목적지를 향하고 있습니까?"
신뢰는 기능이 아니라 구조입니다. 그리고 그 구조를 만들어낼 수 있는 기업이 디지털 수출 시대의 진정한 경쟁력을 갖습니다.

바이어 행동 분석:
실시간 행동 분석이 만드는 새로운 수출 전략

디지털 무역 환경은 지금 이 순간에도 변화하고 있습니다. 그 중심에는 바이어의 행동을 실시간으로 감지하고, 그것에 즉각적으

로 대응할 수 있는 능력이 자리하고 있습니다. 그것은 바이어가 '무엇을 어떻게 보고 있는지'를 실시간 분석하고, 해석 가능한 행동 흐름으로 시각화하는 기술입니다.

이 기술을 통해 기업은 단순한 '이메일 열람' 여부가 아니라, '문서를 어떻게 해석했는지' 그 구체적 관심에 관한 신호를 받게 됩니다.

예를 들어, 바이어가 제품 페이지에서는 45초를 머물렀지만, 가격 조건이 포함된 페이지에서 단 5초 만에 이탈했다면, 그 기업은 '제안서의 가격 조건이 명확하지 않거나 불리하게 인식되었을 가능성'을 파악할 수 있습니다. 이는 단순히 마케팅을 넘어서, 콘텐츠 구조 자체를 개선하는 실질적 인사이트로 작용합니다.

1) 실시간 관심 행동 분석 기술이 바꾸는 수출 전략

새로운 수출 전략에서 우리는 문서의 반응을 실시간으로 읽을 수 있습니다. 지금까지의 무역 제안서는 일방적 전달물이었습니다. 그러나 바이어 행동 분석을 통해 다음과 같은 판단을 할 수 있습니다.

- 어떤 항목이 흥미를 끌었는가?
- 어디서 혼란을 주는가?

- 어떤 항목이 설득력을 갖지 못했는가?
- 어떤 국가·시간대에서 더 자주 열람되고 있는가?

이 정보는 영업 전략뿐 아니라, 콘텐츠 개선, 타깃 조정, 후속 제안 전략까지 연결됩니다.

2) '감'이 아닌 '데이터'로 후속 행동 결정

기존에는 "그 바이어 반응 괜찮은 것 같아"라는 주관적 감각에 의존해야 했지만, 실시간 관심 행동 분석을 통해 그 '반응'을 수치화하고 구조화할 수 있게 되었습니다.

예를 들면, 한 바이어가 3일간 5회 열람, 평균 2분 30초 체류, 가격 조건 페이지 8초 체류, 기술 사양 페이지 42초 체류의 반응을 보였다면, 이 데이터를 기반으로 "가격 관련 보완이 필요" 또는 "기술 관련 FAQ 콘텐츠 추가 필요" 등의 정확한 실행 조치가 가능해집니다.

3) 맞춤형 후속 액션 자동화

행동 분석 기술이 마케팅 자동화 시스템에 연동되면, 특정 문서 내 특정 페이지에서 이탈한 바이어에게 맞춤형 후속 콘텐츠를 자동으로 발송할 수 있습니다.

예를 들면, "보신 제품의 가격 조건에 대해 좀 더 자세히 안내해 드릴까요?"라는 이메일이 가격 페이지 10초 미만 체류 바이어에게 자동 발송됩니다. 이렇듯 즉각적이고 정교한 맞춤 커뮤니케이션을 구현할 수 있습니다.

디지털 무역은 기술이 아니라 '해석력'입니다. 그것은 바이어가 기업을 어떻게 인식하고 있는지를 실시간으로 해석하게 해주는 렌즈입니다.

즉, 단순히 '보이는 수치'가 아니라, 그 수치 너머의 행동 의미를 읽어낼 수 있는 '디지털 감각'과 연결된 도구입니다. 디지털 무역의 성공은 제안서를 얼마나 잘 썼느냐보다, 그 제안서를 바이어가 어떻게 해석하고 있는지를 얼마나 잘 읽었느냐에 달려 있습니다.

이제 우리는 묻습니다.

- 당신의 제안서: 바이어는 어디서 이탈하고 있습니까?
- 당신의 제품 페이지: 바이어는 어떤 부분을 반복 열람하고 있습니까?
- 그리고 당신은 그 데이터를 실시간으로 보고 있습니까?

바이어 행동 분석 기술은 더 이상 '옵션'이 아니라, 디지털 무역의 '눈'입니다. 그 눈을 가진 기업만이, 보이지 않는 바이어의 행동을 해석하고 설계할 수 있습니다.

디지털 무역에서 설득은 '구조'

"이 제품이 왜 좋은가?"라는 설명만으로 바이어를 설득하던 시대는 끝났습니다. 디지털 무역에서 제품의 품질이나 가격, 기능이 중요하지 않다는 것이 아닙니다. 단지 그것들이 '어떤 구조 속에서 보이느냐'에 따라 설득력의 차이가 극명하게 벌어진다는 뜻입니다.

오늘날 바이어는 수많은 기업의 콘텐츠를 넘나들며 정보의 바다 위를 항해합니다. 이들은 한 번의 설명, 한 줄의 제안서, 한 통의 이메일로는 결정을 내리지 않습니다. 그들은 다음과 같은 과정을 거칩니다.

- 필요를 느낄 때 검색합니다.
- 여러 기업을 비교합니다.
- 콘텐츠를 '한 번만'이 아니라 '여러 번' 접합니다.
- 마음에 남은 기업은 다시 찾아갑니다.
- 결국, 자기 스스로 '여기가 괜찮겠다'고 판단합니다.

그리고 이 전 과정은 기업이 보여주는 '경험의 구조' 위에서 이뤄집니다. 바이어가 신뢰를 형성하는 과정은 '설계된 흐름' 안에서 일어납니다.

예를 들어, 어느 바이어가 '유해 성분이 없는 식품 포장재'를 찾고 있다고 가정해봅시다. 구글에 "eco-friendly packaging supplier korea"라고 검색합니다. A, B, C 세 기업이 상위에 뜹니다. 그는 A 사의 웹사이트를 클릭합니다.

이제 여기서 중요한 건, 제품의 가격이나 사양이 아닙니다. 그 웹사이트에서 어떤 흐름으로, 어떤 콘텐츠를, 어떤 방식으로 마주하게 되는가입니다.

첫 화면에 회사 철학이 간결하게 설명되어 있습니다. "우리는 환경을 고민하며 10년간 단일 소재 포장재를 개발해왔습니다." 그리고 그 바로 옆에는 제품 데모 영상이 재생됩니다. 공장 모습, 포장재 테스트 장면, 실제 유럽 바이어의 인터뷰가 담겨 있습니다.

그 아래에는 CTA(Call to Action) 버튼이 있습니다. "샘플 요청하기: 응답 24시간 이내"라고 표시되어 있습니다. 바이어는 클릭을 망설이다가, 그 대신 '사용 후기'를 눌러 봅니다. "독일 바이어가 겪은 경험"이라는 제목이 보입니다. 그는 이 웹사이트를 머리에 담아둡니다. 그리고 며칠 후 다시 그 기업을 검색합니다.

이 과정에서 기업은 한마디도 직접 말하지 않았습니다. 하지만 '보여준 방식'으로 충분히 설득하고 있었습니다. 설득은 정보의 양이 아니라, 경험의 흐름입니다.

디지털 시대의 바이어는 이메일 한 통, 브로셔 한 장으로 설득되지 않습니다. 그들은 '어떤 흐름 안에서 연결되고 있는가'를 무의식적으로 인식합니다.

이 흐름은 다음의 방식으로 설계되어야 합니다.

첫째, 탐색 → 반복 접점 → 반응 → 신뢰로 이어지는 구조여야 합니다.

둘째, 콘텐츠는 직선적 설명이 아니라, 순환적 연결과 자연스러운 전이가 가능해야 합니다.

셋째, 바이어의 행동에 맞춰 이어지는 경험 흐름이 설계되어야 합니다. 예를 들어, 제품 소개를 본 바이어가 며칠 후 검색에서 다시 같은 기업을 마주치고, 링크드인에서 이 기업의 실제 고객 후기를 보게 되고, 사흘 후 이메일을 받아 제품 데모 영상을 클릭하게 되는 것. 이 모든 경험은 '이 기업, 좀 괜찮네'라는 신호로 누적됩니다. 설득 구조는 이렇게 만들어집니다.

그 핵심은 바이어가 '왜 이 기업인가'를 스스로 발견하게 하는 것입니다. 디지털 설득 구조의 핵심은 '바이어가 어떻게 움직이는지를 예측한 콘텐츠 배치'입니다.

- 첫 클릭 후, 무엇을 먼저 보여줄 것인가?
- 제품 페이지를 읽은 바이어에게 어떤 콘텐츠를 연결할 것인가?
- 다시 방문한 바이어는 어떤 정보를 먼저 접해야 할까?

이 질문에 대한 답이 바로 설득의 구조입니다. 좋은 제품도, 흐름 안에서 보이지 않으면 설득하지 못합니다. 설득은 스펙이 아니라 배치입니다. 그리고 이 구조는 한 번 만들고 끝나는 것이 아닙니다.
실제로는 다음과 같은 피드백 루프를 끊임없이 돌려야 합니다.

- 바이어가 어느 페이지에서 이탈했는지 분석
- 클릭률이 낮은 CTA 버튼 문구를 A/B 테스트
- 영상보다 텍스트가 효과적인 대상군 구분
- 문의 후 응답 시간이 평균 26시간일 때 이탈률이 높아지는 구간 확인

이 데이터를 바탕으로 구조를 조정해야만, '제품의 설득력'이 아니라 '경험의 설계력'으로 수출이 성사되는 구조가 완성됩니다.

디지털 무역에서 바이어는 콘텐츠를 '한 번' 보지 않습니다. 그들은 콘텐츠를 해석하고 기억하고 판단합니다. 그 과정에서 이탈할 수도 있고, 깊어질 수도 있습니다. 그 갈림길을 결정짓는 것이 바로 '설득의 구조'입니다.

논리보다 흐름, 정보보다 맥락, 제품보다 경험, 설명보다 연결. 이것이 디지털 무역에서의 설득입니다. 그리고 그 구조를 짜는 사람만이 설득에 성공할 수 있습니다.

디지털 무역은 관계를 판다

디지털 무역의 핵심은 '무엇을 파는가'에 있지 않습니다. 그보다는 '어떤 관계를 설계할 수 있는가'에 따라 성패가 갈립니다.

제품은 유사할 수 있습니다. 기술은 빠르게 모방될 수 있습니다. 그러나 관계는 다릅니다. 관계는 기업의 태도, 흐름, 말투, 응답성, 구조 설계 전반에서 만들어지는 것이기 때문에, 어느 기업도 타사의 관계 방식을 완전히 복제할 수는 없습니다.

디지털 환경에서의 관계란 단지 '좋은 인상'이나 '감성적 연결'이 아닙니다. 그것은 기업이 어떻게 문제에 반응하고, 어떤 타이밍에 고객 앞에 나타나며, 고객이 자신을 이해하고 선택할 수 있게 돕는 흐름 전체를 의미합니다.

첫째, 관계는 고객의 고민에 반응하는 데서 시작됩니다. 무엇을 팔고 싶은가보다, 고객이 지금 무엇을 고민하고 있는가에 먼저 귀를 기울여야 합니다. 예를 들어, 고객이 친환경 제품을 찾고 있다면, 단순히 '친환경'이라는 단어를 쓰는 것만으로는 설득이 이루어지지 않습니다. 그들이 궁금해할 인증 절차, 실제 사용 사례, 폐기 방식 등을 사전에 설명해두는 콘텐츠 구조가 마련되어 있어야 합니다.

둘째, 관계는 '적절한 순간에 출현하는 능력'에서 만들어집니다. 고객이 검색을 통해 우리를 발견한 그 순간, 또는 제품 소개서를 다운로드한 며칠 뒤, 혹은 우리가 아무 말도 하지 않았는데 유튜브 알고리즘이 데모 영상을 추천해주는 순간 이 모든 접점은 기업이 고객과 연결될 수 있는 설계된 타이밍의 결과입니다. 이 타이밍을 반복적으로 경험한 고객은 결국 '이 기업은 언제나 내가 필요할 때 거기 있었다'라고 느끼게 됩니다.

셋째, 관계는 고객이 스스로를 이해할 수 있도록 도울 때 더욱 깊어집니다. 디지털 무역에서는 우리 자신만 설명해서는 충분하지 않습니다. 오히려 고객이 "나는 이런 유형의 사람이고, 그래서 이 제품이 나에게 맞는 것 같다"라고 스스로 말할 수 있게 만드는 흐름이 중요합니다.

이를 위해서는 콘텐츠 구조, 고객군 분류, 제품 라인업 구성이 고객의 자기 해석을 돕는 방향으로 설계되어야 합니다. 결국, 디지털 무역에서 경쟁력은 제품의 스펙 차이에서 비롯되지 않습니다. 그보다는 관계의 구조, 고객과 만나는 방식, 그리고 반복 가능한 신뢰 경험을 어떻게 설계하고 실행하는가에 달려 있습니다.
이러한 관점에서 다음과 같은 질문은 모든 디지털 기업이 스스로에게 던져야 할 과제입니다.

- 우리는 고객의 어떤 고민에 먼저 반응하고 있는가?
- 우리는 고객의 어떤 순간에, 어떤 채널로 출현하고 있는가?
- 우리는 고객이 누구인지 스스로 설명할 수 있게 돕고 있는가?

이 질문에 명확하게 답할 수 있는 기업, 그리고 그 답을 콘텐츠와 시스템 전반에 걸쳐 구현할 수 있는 기업이 디지털 무역에서 진정한 경쟁력을 갖춘 기업입니다.

═══ 디지털 무역이란 연결 가능한 구조를 설계하는 일 ═══

디지털 무역은 단지 기술을 사용하여 무역하는 일이 아닙니다.

그 본질은 기술 이전에 존재합니다. 디지털 무역은 '연결 가능한 구조를 설계하는 일'입니다. 이 설계는 하나의 과정입니다. 태도로부터 출발하고, 콘텐츠로 구현되며, 기술을 통해 실현됩니다.

우리는 2장에서 기술, 콘텐츠, 신뢰 설계의 세 축이 어떻게 유기적으로 작동해야 디지털 무역이 성공할 수 있는지를 살펴보았습니다. 그리고 단순히 좋은 제품을 전달하는 것이 아니라, 고객의 움직임에 맞춰 자연스럽게 연결되고 기억되고 다시 돌아오게 만드는 설득의 흐름을 설계하는 것이 얼마나 중요한지도 확인했습니다.

디지털 무역의 출발점은 언제나 같은 질문에서 시작됩니다.

"누군가에게 우리는 어떻게 보이고 있는가?"

이 질문에 답할 수 없는 기업은 아무리 뛰어난 제품과 기술을 갖고 있어도 바이어의 마음에 닿지 못합니다. 하지만 그 질문에 구조적으로 전략적으로 일관성 있게 답할 수 있는 기업은 제품 이전에 신뢰를 얻고 관계를 만들며 결국 수출이라는 결과에 도달할 수 있습니다.

2장은 바로 그 구조의 정체에 대한 탐색이었습니다. 그리고 이제, 그 구조를 당신만의 방식으로 어떻게 설계할 것인가에 대해 스스로 질문하고 실행할 차례입니다. 앞으로 이어질 장에서는 그 구조 위에 어떤 콘텐츠를 쌓을지, 어떤 흐름으로 전달할 것인지에 대해 더 구체적이고 실행 가능한 전략을 함께 살펴보겠습니다.

◆ 2장 핵심 요약표: 디지털 무역, 수출을 다시 정의하다

항목	핵심 내용	주요 질문
수출의 본질이 바뀌었다	제품 이전에 관계가, 배송 이전에 설계가 먼저. 디지털 무역은 '존재의 설계'로부터 시작됨	우리는 바이어에게 어떻게 존재를 드러내고 있는가?
디지털 무역의 3대 구성 요소	기술, 콘텐츠, 신뢰 설계가 유기적으로 연결되어야 성공 가능. 구조화된 신뢰 경험이 핵심	기술과 콘텐츠는 연결되어 설득 흐름을 만들고 있는가?
실시간 행동 분석 기술	바이어가 제안서를 어떻게 '읽고' 있는지를 실시간으로 추적. 감이 아니라 데이터로 설득 구조 개선	바이어는 제안서에서 어디서 멈추고, 어디서 이탈하는가?
설득은 구조다	설득은 정보가 아니라 연결의 흐름. 반복 접점과 해석 가능한 구조가 신뢰를 만든다	우리의 콘텐츠는 고객의 흐름을 설계하고 있는가?
디지털 무역은 관계를 판다	제품보다 중요한 것은 관계의 설계력. 반응성, 출현 타이밍, 고객 자기 이해를 도와주는 구조가 중요	우리는 고객의 어떤 순간에 출현하고 있는가?
요약: 연결 가능한 구조 설계	디지털 무역은 '보이는가?'라는 질문에 구조적으로 답하는 과정. 태도 → 콘텐츠 → 기술로 연결되는 흐름 설계	이 구조를 우리는 나만의 방식으로 설계하고 있는가?

✦ 2장 마인드맵: 디지털 무역의 설계 구조

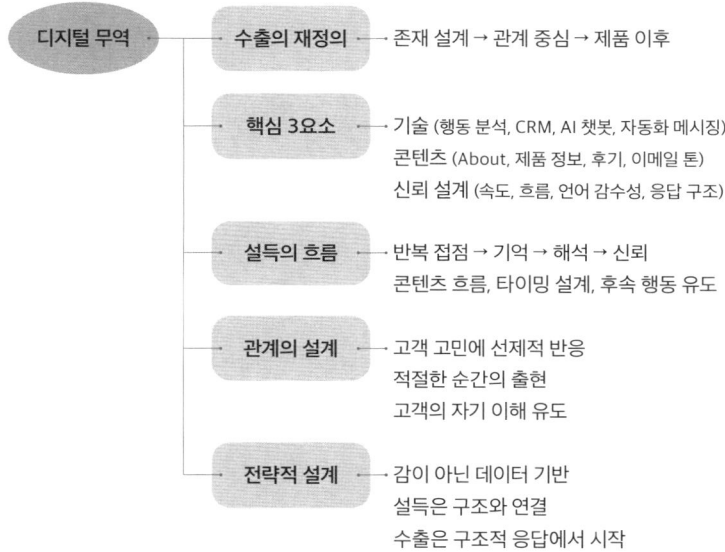

- 디지털 무역
  - 수출의 재정의 → 존재 설계 → 관계 중심 → 제품 이후
  - 핵심 3요소 → 기술 (행동 분석, CRM, AI 챗봇, 자동화 메시징)
    콘텐츠 (About, 제품 정보, 후기, 이메일 톤)
    신뢰 설계 (속도, 흐름, 언어 감수성, 응답 구조)
  - 설득의 흐름 → 반복 접점 → 기억 → 해석 → 신뢰
    콘텐츠 흐름, 타이밍 설계, 후속 행동 유도
  - 관계의 설계 → 고객 고민에 선제적 반응
    적절한 순간의 출현
    고객의 자기 이해 유도
  - 전략적 설계 → 감이 아닌 데이터 기반
    설득은 구조와 연결
    수출은 구조적 응답에서 시작

3장

Connect AI, 디지털 무역 인텔리전스 플랫폼

현장에서 탄생한 디지털 무역 플랫폼

글로벌 무역 현장에서 저는 수많은 기업의 제품을 고객 대신 들여다보고, 결정권자의 눈으로 판단하며 실제 업무를 수행해왔습니다. 하지만 단 한 번도 박람회에 참가해 부스를 돌며 제품을 찾거나 제 명함을 뿌린 적이 없습니다.

현지의 결정권자들은 바쁩니다. 그들은 보통 박람회에 직접 나오지 않습니다. 대신, 그들은 자신이 신뢰하는 에이전트에게 기업 정보를 미리 받고, 철저히 선별된 리스트를 바탕으로 어떤 기업을 만날지를 결정합니다. 박람회는 그들에게 있어 '탐색'의 공간이 아니라, 이미 추려진 기업들과 '직접 대면'하는 최종 확인의 장입니다.

이 현실은 제가 수없이 목격해온 무역의 진짜 구조였습니다. 이 구조를 이해하고 나니, 단순한 마케팅이나 박람회 참여가 무역을 가능하게 한다는 생각이 현실과 얼마나 동떨어졌는지 알게 되었습니다.

모든 개념은 현장에서 태어납니다. '디지털 무역 인텔리전스 플랫폼'이라는 단어도 처음부터 있었던 말은 아닙니다. 제가 이 구조를 직접 만들어야겠다고 결심했던 건, 수많은 현장의 경험 때문이었습니다.

많은 기업이 무역 컨설팅을 받아도 바이어와 연결되는 게 쉽지 않았고, 정부 지원 사업을 진행해도 실행은 느리고 비효율적이었습니다.

무엇이 문제일까? 저는 그렇게 질문을 시작했습니다. 그리고 한 가지 확신에 도달했습니다. 문제는 대행 중심의 수출 구조에 있었습니다.

바이어를 대신 찾아주는 구조, 마케팅을 대신해주는 구조, 문서를 대신 작성해주는 구조. 모두가 기업을 '도와주는' 구조였지만, 대기업처럼 많은 인재와 시스템이 있지 않은 이상 중소기업 스스로는 아무것도 주도하지 못하는 게 무역이었습니다.

그때 깨달았습니다. '대행해주는 수출은 지속 가능하지 않다.' 그래서 저는 방향을 바꾸기로 했습니다. '대신해주는' 구조가 아니라, '직접 하게 만드는' 구조를 설계하자. 이것이 Connect AI의 시작이자, 디지털 무역 철학의 출발이었습니다.

예를 들어, 제품을 만든 한 중소기업 대표가 있습니다. 그는 자사 제품에 대한 자부심은 있지만, 어떻게 해외 바이어에게 접근해야 할지 막막해합니다. 이때 우리는 그에게 "이메일을 이렇게 보내세요"라고 말하지 않습니다.

대신, 시스템을 통해 그의 제품이 현재 글로벌 시장에서 인증, 규제, IP, 관세 등의 환경과 변화 가운데 어떤 바이어에게 적합할지 분석해주고, 그 바이어가 언제, 어떤 반응을 보였는지 알려줍니다. 그 결과, 대표는 스스로 가장 가능성 큰 바이어에게, 최적의 메시지를, 적절한 타이밍에 보낼 수 있게 됩니다.

이것이 바로 'Enabler'입니다. Enabler는 기존처럼 무언가를 '대신해주는' 방식이 아니라, 사용자가 '스스로 실행할 수 있도록 환경과 구조를 설계해주는 촉매자 또는 시스템'을 뜻합니다. 최근 조직 전략, 기술 솔루션, 교육 분야에서도 Enabler는 단순한 도우미(helper)가 아니라, '실행 가능성'을 구조로 만들어주는 주체로 해석됩니다.

수출도 마찬가지입니다. 누군가 대신해주는 것이 아니라, 기업이 스스로 데이터를 읽고, 타이밍을 파악하고, 직접 메시지를 보낼 수 있도록 시스템을 설계해주는 것이 제가 꿈꾸는 디지털 무역에서의 Connect AI의 역할입니다.

══════ Enabler: 실행하게 만드는 철학 ══════

디지털 무역의 환경은 빠르게 진화하고 있습니다. 기술은 쏟아지고, 플랫폼은 넘쳐나며, 정보는 언제든 얻을 수 있습니다. 하지만 많은 기업이 여전히 막막함을 느낍니다.

무엇부터 시작해야 할지, 어떻게 적용해야 할지, 누구에게 말을 걸어야 할지를 모릅니다.

그래서 우리는 단순한 도구 제공자가 아니라, 고객이 스스로 실행하게 만드는 Enabler가 되고자 합니다. 고객이 스스로 무역을 실행하게 만드는 구조. 이 말은 단순히 도구를 제공한다는 뜻이 아닙니다. 고객의 관점을 바꾸고, 구조를 설계하고, 기술을 결합하여 실행을 가능하게 만드는 일입니다.

Enabler란 '대신해주는 사람'이 아닙니다. 고객이 직접 실행할 수 있도록 구조를 설계해주는 존재입니다. 그 철학은 세 가지 원칙으로 이루어집니다.

첫째, 관점을 바꿉니다.

고객이 기존의 '수출은 전문가만 하는 일', '무역은 복잡하다'는 인식을 버리고 '해볼 수 있다', '내가 직접 할 수 있다'는 가능성을 인식하도록 도와줍니다. 이를 위해서는 실제로 해본 사람의 예시와 현실적인 실행 방법을 담은 콘텐츠가 필요합니다.

둘째, 구조를 설계합니다.
단지 '어떻게 해야 한다'는 지침을 주는 것이 아니라, 고객이 실제로 움직일 수 있는 흐름을 만듭니다. 예를 들면, 어떤 바이어가 어떤 제품군에 반복 반응을 보이고 있는지를 실시간으로 시각화해주고, 그 데이터를 기반으로 어떤 메시지를 보내야 하는지, 타이밍은 언제가 적절한지까지 알려주는 시스템이 작동합니다.

셋째, 기술을 결합합니다.
고객이 스스로 행동하게 만들려면, 기술은 뒤에서 보조하는 것이 아니라 구조 속에 자연스럽게 포함되어 있어야 합니다. 클릭 몇 번으로 샘플 제안이 자동 생성되고, 상대 바이어의 시간대와 열람 행동 이력이 반영된 메일 초안이 자동 제안됩니다. 그 결과 고객은 '아, 이렇게 하면 되는구나'라는 확신 속에서 스스로 수출을 실행하게 됩니다.

피벗의 연속, 기술과 전략의 만남

Connect AI의 설립 전 베타버전을 운영할 때 우리는 '자동화 메시지 시스템'을 만들고자 했습니다. 바이어가 제품 페이지를 열람하면 자동으로 후속 메일이 발송되고, 제안서를 다운로드하면 샘플 안내 메시지가 전달되는 구조입니다. 효율적이고 빠르며, 반복적인 수작업을 대체할 수 있다는 점에서 유용했습니다. 그러나 곧 우리는 '자동화만으로는 충분하지 않다'는 사실을 깨달았습니다.

바이어는 감정이 있는 사람이며, 타이밍과 맥락에 민감한 존재였습니다. 자동화는 정해진 규칙에 따라 일관된 행동을 반복할 수는 있었지만, 바이어의 실제 반응에 유연하게 대응하지는 못했습니다.

그들은 숫자가 아니라 사람이며, 콘텐츠를 클릭할 때도, 제안을 열람할 때도 각기 다른 맥락과 심리, 타이밍에 따라 움직이고 있었기 때문입니다. 이 깨달음은 Connect AI의 방향을 바꾸는 전환점이 되었습니다.

그 첫 단계가 바로 실시간 행동 데이터 분석이었습니다.

- 이메일은 언제 열람되는가?

- 어떤 제목의 메일이 더 많이 클릭되는가?
- 바이어는 제안서를 받고 몇 시간 후에 다시 사이트를 방문하는가?
- 첫 거래 문의 이후 기업의 응답까지 걸리는 시간은 평균 얼마인가?

이러한 수많은 질문에 대한 데이터를 축적하면서 우리는 단순히 '반응을 기록하는 시스템'이 아니라 '실시간으로 행동을 해석하고, 다음 행동을 제안하는 시스템'을 구상하게 되었습니다.

이 구조는 단순 자동화가 아닙니다. 그것은 수많은 데이터를 기반으로 '분석된 행동'을 통해 '무엇을, 언제, 누구에게, 어떻게 제안해야 하는가'를 실시간으로 해석하는 구조입니다. 그리고 그 실행을 고객 스스로가 직접 할 수 있도록 지원합니다.

즉, 고객이 스스로 실행할 수 있도록 설계된 구조를 제공하는 Enabler의 철학과 완벽하게 일치합니다. 우리가 기술을 만드는 이유는 단순한 반복이나 효율성만을 위한 것이 아닙니다. 기술은 전략을 실행 가능하게 만들기 위한 실천 도구입니다.

그리고 그 전략은 데이터, 맥락, 흐름 그리고 인간 이해를 기반으로 해야만 진짜 힘을 발휘합니다.

Connect AI의 진화는 여전히 진행 중입니다. 하지만 이 과정을 통해 우리는 하나의 확신을 갖게 되었습니다. 바이어의 행동을 분석하고 분석 데이터 기반으로 '무엇을 할 것인가'를 실시간으로 제안하고, 고객이 '스스로' 실행할 수 있게 도와주는 구조. 이것이 Connect AI의 핵심이 되었습니다.

기술은 단독으로 설득하지 못합니다. 전략이 설계되고, 그 전략이 기술 위에서 살아 움직일 때, 비로소 설득은 실행으로 전환됩니다.

실행 UX: 바로 움직이게 만드는 설계

아무리 좋은 기술이 있어도, 고객이 실행하지 않으면 아무 일도 일어나지 않습니다. 그래서 우리는 기술보다 먼저 '고객이 실제로 움직이게 하려면 어떻게 해야 할까?'를 고민했습니다. 이 질문에 대한 답이 바로 '실행 UX'입니다.

실행 UX란 복잡한 생각 없이도, 고객이 바로 행동할 수 있도록 만들어주는 실행 중심의 사용자 경험 설계입니다.

예를 들어, 어떤 고객이 '이 바이어가 우리한테 관심이 있을까?'라고 궁금해할 때, 시스템이 이렇게 알려줍니다. "이 바이어는 제안서를 3회 열람했고, 지난 24시간 안에 다시 확인했습니다. 지금 메시지를 보내보세요." 이것은 복잡한 숫자가 아니라 지금 무엇을 해야 할지 명확하게 말해주는 한 문장입니다. 이게 바로 실행 UX입니다.

중요한 건, 고객이 데이터를 일일이 해석하지 않아도 된다는 겁니다. '생각하지 않아도 바로 움직일 수 있는 흐름.' 그 흐름을 만들기 위해 텍스트, 알림, 대시보드까지 모든 화면과 언어를 실행 중심으로 설계했습니다.

이 UX는 고객만을 위한 게 아닙니다. 실제로 무역을 실행하는 회사 내부 팀, 실무자, 전략팀 모두에게도 필요합니다. 데이터를 해석하고, 전략을 세우고, 메시지를 보내는 모든 과정을 직원이 혼자서도 실행할 수 있도록 만들어야 지속 가능한 수출이 가능합니다.

그래서 우리는 시스템, 콘텐츠, 교육, 메시지까지 하나의 흐름으로 연결된 구조를 설계했습니다. 그런데 여기서 더 중요한 게 있습니다. 실행을 막는 건 기술 부족이 아닙니다. 사람은 '몰라서'보다 '망설여져서' 실행을 멈춥니다. 그래서 실행 UX는 기능보다 심리적 장벽을 낮추는 설계가 되어야 합니다. 우리는 다음 세 가지를 실행 UX의 핵심 원칙으로 삼습니다.

① 결정 피로를 줄인다: "무엇을 할지"가 아니라 "지금 이것만 누르면 됩니다"라는 구조

② 숫자보다 문장으로 말한다: "오픈율 43%"보다 "이 바이어가

계속 열람 중입니다. 지금 연락해보세요"라는 메시지
③ 실행 결과를 예고해준다: "이 메시지를 보내면 화상 미팅이 연결될 가능성이 커집니다"처럼 다음 단계를 미리 알려주는 설계

결국, 실행 UX는 클릭을 유도하는 게 아니라, 의심 없이 움직이게 만드는 구조입니다. 이건 단순한 UI 문제가 아닙니다. 심리, 콘텐츠, 데이터, 언어, 조직 협업까지 모두 연결된 전략 설계입니다. 우리가 설계한 구조는 마지막에 이렇게 말할 수 있어야 합니다.

"지금, 이 바이어에게 메시지를 보내보세요."

이 한 문장이 실행 UX의 완성입니다.
UX는 보기 좋은 버튼이 아니라, 고객과 실무자가 '망설이지 않고 움직이게 만드는 흐름'입니다.
실행 UX 개념을 실제 사례 중심으로 보여드리겠습니다. 아래는 실제 무역 실무 현장에서 실행 UX가 어떻게 작동했는지를 보여주는 2가지 구체적인 사례입니다.

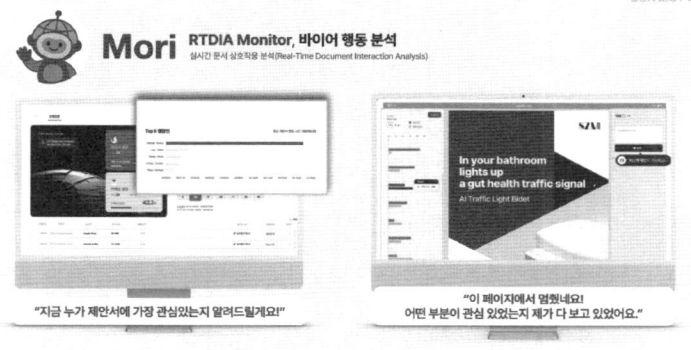

그림 | 저자가 개발한 바이어 행동 분석 시스템

사례 1 | 바이어 반응 기반 메시지 자동 제안

- 기업 유형: 중소 식품 제조업체 A 사
- 목표: 해외 바이어에게 제안서를 보낸 후 효과적으로 후속 대응하기
- 이전 방식(실행 UX 없음):
  - 영업팀이 바이어 반응을 알 수 없음: 아무 연락도 안 함
  - 1주일 뒤, "혹시 검토해보셨나요?"라는 이메일 보냄: 답 없음
- Connect AI 실행 UX 적용:
  - 제안서를 열람한 바이어의 행동이 실시간으로 분석됨

  ("3회 열람, 24시간 내 재접속, 2분 40초 머무름")
  - 시스템이 자동으로 알려줌:

("이 바이어는 제안서를 반복 열람했습니다. 지금 바로 메시지를 보내보세요.")

- 담당자는 10분 내 "혹시 궁금한 점 있으신가요?"라는 메시지를 발송
- 30분 뒤 바이어가 답장을 보냄: 견적 요청 연결

이렇듯 복잡한 분석이 없어도, "지금 이 사람에게 연락하세요"라는 구조화된 문장이 실행을 쉽게 만들었습니다.

사례 2 | 메시지 작성이 어려웠던 팀의 자동화 흐름

- 기업 유형: 기술 스타트업 B 사
- 목표: 관심 바이어에게 맞춤 메시지를 보낼 수 있는 구조 만들기
- 이전 방식(실행 UX 없음):
  - 바이어가 제품 페이지를 봤다는 사실만 알 수 있었음
  - 무슨 내용의 메시지를 써야 할지 몰라 '일반 소개 이메일'만 발송: 반응 없음
- Connect AI 실행 UX 적용:
  - 바이어가 '친환경 포장재' 페이지에서 5분 이상 머무름
  - 시스템이 제안한 메시지: "○○님, 친환경 포장재에 관심을 가져주셔서 감사합니다. FSC 인증 제품 샘플이 준비되어 있

습니다. 원하시면 바로 받아보실 수 있도록 안내해드리겠습니다."
- 팀원은 해당 문장을 복사만 해서 바로 발송
- 그날 저녁, 바이어로부터 샘플 요청 도착

이렇듯 어떤 메시지를 쓸지 고민할 필요 없이, 데이터와 맥락에 맞는 문장이 이미 준비되어 있었기 때문에 누구나 바로 실행할 수 있었습니다.

실행 UX의 핵심은 결국, '데이터를 어떻게 보여주느냐'가 아니라, '고객이 지금 무엇을 해야 하는지를 정확히 말해주는 구조'입니다. '해석하지 않아도 되도록 설계된 문장'과 '지금 이 행동을 해도 괜찮다는 확신'의 결합이 실행 UX가 실제로 작동하는 방식입니다.

Connect AI는 구조다

Connect AI는 단순한 기술 플랫폼이 아닙니다. 우리가 만든 것은 도구나 기능이 아니라, 수출이 실제로 실행되게 만드는 '구조'입니다.

누구나 비슷한 기술을 사용할 수는 있습니다. 하지만 그 기술을 어떻게 연결하고, 어떤 흐름으로 설계하느냐에 따라 결과는 완전히 달라집니다.

Connect AI는 기업이 스스로 수출을 실행할 수 있도록 데이터, 기술, 사람, 콘텐츠를 하나의 흐름으로 설계한 실행 구조입니다. 이 구조의 핵심은 다음 세 가지 '접점 설계'에 있습니다.

첫째, 데이터와 사람이 만나는 방식.
데이터를, 사람이 이해하고 바로 움직일 수 있게끔 만드는 것이 핵심입니다. 단순히 숫자를 보여주는 것이 아니라, "지금 이 바이어에게 메시지를 보내야 합니다"처럼 실행으로 이어질 수 있는 인사이트로 변환해주는 것이 핵심입니다. Connect AI는 데이터 기반 '설명'이 아닌, 데이터 기반 '실행'을 가능하게 만드는 시스템입니다.

둘째, 기술은 '감각'을 고려해 움직이게 만든다.
기능이 많다고 반응이 일어나는 게 아닙니다. 메시지가 어떤 말투인지, 어떤 타이밍에 나오는지, 어떻게 전달되는지가 훨씬 중요합니다. 자동화도 결국은 사람에게 도달해야 하기 때문에, 우리는 단순한 기능이 아니라 사람의 감각과 흐름에 맞춘 설계를 우선합니다.

셋째, 관계는 구조 속에서 만들어진다.
무역은 결국 '관계'입니다. 그리고 그 관계는 그냥 생기는 것이 아닙니다. 처음 접점부터, 응답 구조, 반복 메시지, 피드백 흐름까지 모두 설계되어야 신뢰로 이어질 수 있습니다. 이 모든 것이 가야 할 방향은 하나입니다. 바로 실행입니다. Connect AI는 다음과 같이 실행에 초점을 맞추었습니다.

- 고객이 직접 실행할 수 있는 구조
- 팀 내부가 주도적으로 실행하는 시스템
- 기술과 데이터가 실행을 뒷받침하는 흐름

Connect AI는 단순한 플랫폼이 아닙니다. '관계를 설계하는 구조'이고, 누구나 실행할 수 있도록 만든 디지털 무역의 실행 프레임입니다.

4장

수출이 되게 하는 기술과 전략

기술은 '보이게' 만드는 도구다

많은 기업이 이렇게 묻습니다. "수출하려면 어떤 기술을 써야 하나요?"

CRM, 이메일 자동화, 웹사이트, 챗봇, 채널 통합 툴…. 기술 리스트를 나열하자면 끝이 없습니다.

그런데 진짜 중요한 건 기술의 종류가 아니라, 그 기술이 나를 어떻게 '보이게' 만드느냐입니다. 수출은 결국 바이어가 '이 회사, 믿을 수 있겠네'라고 느끼는 순간 시작됩니다. 기술은 실행을 돕는 도구지만, 수출의 성패를 가르는 건 바이어가 우리를 어떻게 경험하느냐입니다.

예를 들어 바이어가 웹사이트에 들어왔을 때, 로딩이 느리면 떠

나고, 제품 설명이 엉켜 있으면 불신이 생기고, 모바일 화면이 깨지면 불편함을 느낍니다. 기술을 도입했는데도 수출이 안 되는 이유는 툴이 부족한 게 아니라, '보이게 만드는 구조'가 설계되지 않았기 때문일 수 있습니다.

이제는 기술을 그냥 생산성 도구로 보지 말고, 수출 관계를 설계하는 도구로 다시 봐야 합니다. 그리고 그 시작은 이 질문에서 시작됩니다. "지금 이 기술이, 나를 제대로 보이게 만들고 있는가?"

행동 분석: 기술의 흐름을 전략화하다

디지털 무역에서의 바이어 행동 분석 기술은 바이어가 우리의 콘텐츠, 제안서, 제품 소개서, 웹페이지를 어떻게 읽고, 어디에서 오래 머물고, 어디서 이탈하는지를 실시간으로 추적합니다. 그리고 그 데이터를 기반으로 설득 흐름을 자동 설계하고, 실행까지 연결하는 전략 구조입니다.

1) 관측(Observe)

시스템은 바이어의 행동 데이터를 실시간으로 기록합니다.

- 제안서를 몇 번 열람했는가?
- 어떤 페이지에 오래 머물렀는가?
- 콘텐츠를 내부 팀원들과 공유했는가?
- 특정 섹션에서 이탈했는가?

예를 들어, 제안서가 3일간 5회 열람되었고, 기술 사양 페이지에서 평균 80초 이상 머물렀으며, 문서가 팀원 2명에게 공유되었다면 이 바이어는 현재 의사결정 단계에 진입한 상태일 가능성이 큽니다.

2) 해석(Interpret)

이 행동 분석 데이터를 분석하여, 어떤 신호가 실질적인 실행 유도 타이밍인지 판단합니다.
예를 들어 "이 바이어는 지난 48시간 내 반복 열람했고, 관심 페이지가 가격 비교표로 집중되어 있습니다"라고 분석되었다면, 지금이 제안 재구성 또는 후속 메시지 전달 타이밍이라고 해석됩니다.

3) 설계(Design)

시스템은 이 해석을 바탕으로 적절한 메시지, 콘텐츠, 전달 방식과 타이밍을 설계합니다.

예를 들어 "이 바이어에게는 유사 거래 사례 콘텐츠를 추천하고, 가격 옵션을 비교한 요약 메시지를 지금 전달하는 것이 효과적입니다"라고 설계합니다.

4) 실행(Act)

설계된 흐름에 따라 바이어에게 맞춤 메시지가 자동 전송되거나 실무자에게 "지금 연락하면 연결 확률이 높습니다"라는 실행 알림이 도착합니다.

또한, 이 실행 구조는 기업 내부 팀원 간의 협업 흐름에도 즉시 연결됩니다. 담당자는 바이어의 열람 데이터를 실시간으로 확인하고, 마케팅팀은 필요한 후속 자료를 연동하며, 전략팀은 캠페인 전체의 반응 흐름을 분석해 조정합니다.

행동 분석의 본질은 단순한 리포트나 자동화 도구가 아닙니다. 그것은 데이터를 설득 전략으로 바꾸고, 전략을 실행으로 전환시키는 기술 흐름의 구조입니다.

바이어는 설명보다 반응에 반응합니다. 우리는 설명을 줄이고, 설계를 강화하며, 즉각적이고 맥락 기반의 실행 흐름으로 바이어를 설득합니다. 이 모든 것을 가능하게 하는 구조가 바로 '실시간 바이어 행동 분석 기술'입니다.

기술보다 중요한 것: 데이터를 읽는 힘

아무리 좋은 기술이 있어도 데이터를 제대로 읽지 못하면 수출은 시작되지 않습니다.

클릭 수, 열람 횟수, 응답 시간 같은 수치는 넘쳐나지만 중요한 건, "이 바이어가 지금 왜 이 행동을 했는가"를 해석할 수 있는가입니다.

예를 들어, 제안서를 열어본 바이어가 다시 돌아와 같은 페이지를 장시간, 3번 열람했습니다. 이것은 단순한 수치가 아닙니다. 바이어가 관심이 있지만, 결정을 못 하고 있다는 신호입니다. 이것을 '기회'로 보고 실행하는가, 그냥 지나치는가가 결과를 바꿉니다.

기술은 숫자를 주지만, 행동을 만들려면 해석이 필요합니다. 그래서 우리는 데이터 해석 없이도 누구나 움직일 수 있도록 '추천 흐름', '반응 알림', '메시지 제안'을 설계했습니다.

진짜 경쟁력은 무엇을 보느냐보다 무엇을 보고 '어떻게 판단하느냐'입니다. 아래에서 디지털 무역 환경에 최적화된 바이어 데이터 해석을 위한 실전형 3단계 방법론을 제시했습니다.

STEP 1 | 신호(Signals)를 분류한다

먼저, 바이어의 행동 데이터를 3가지 유형으로 나눕니다.

유형	예시	의미
반응 신호	제안서 열람, 이메일 클릭, 제품 페이지 체류	관심 있음(Attention)
재반응 신호	24시간 내 재열람, 반복 클릭	고민 중(Consideration)
비반응 신호	열람 후 이탈, 오픈 후 응답 없음	주의 필요(Risk or Noise)

STEP 2 | 흐름(Journey)을 읽는다

단편적 클릭이 아닌, '처음부터 지금까지의 흐름'을 시간순으로 정리해봅니다. 한 예를 봅시다.

Day 1: 제품 페이지 방문 → 이탈

Day 2: 이메일 오픈 + 제안서 클릭

Day 3: 다시 제안서 열람(같은 문단 3회 머묾)

Day 3: FAQ 열람했으나, 샘플 신청하지 않음

- 해석: 관심은 있으나, 확신이 부족함
- 실행: 신뢰 자료 추가, "샘플 신청 안내" 메시지 타이밍

여기서 중요한 점은 데이터를 단순 누적으로 보지 않고 '행동 흐름의 내러티브'를 읽는 것입니다.

STEP 3 | 실행(Action)으로 연결한다

각 신호·흐름을 읽은 뒤, 즉시 실행 가능한 액션 3가지를 설정합니다.

상태	추천 액션
재열람 + 응답 없음	맞춤형 FAQ 콘텐츠 전송 또는 샘플 신청 유도
페이지 이탈	제품 하단 CTA 개선, 리타깃 광고 설정
반복 문의	1:1 화상 미팅 제안 또는 우선 제안서 전송

기술을 연결하는 전략: 메시지의 구조화

기술이 아무리 좋아도 그 기술로 전달되는 메시지가 설계되어 있지 않으면 수출은 이어지지 않습니다. 자동화 이메일, 챗봇, 웹 알림 등 기술은 계속 늘어나고 발전하지만, 관건은 메시지입니다. 결국, 바이어는 '메시지'를 보고 신뢰 여부를 판단합니다.

그래서 우리는 항상 이렇게 묻습니다. "이 기술이 어떤 방식으로 메시지를 전달해야 바이어를 움직일 수 있을까?"

핵심 메시지 기술은 실행 전략을 담는 '전달 수단'입니다. 기술을 쓰는 것보다 더 중요한 건, 그 기술 안에 어떤 메시지를, 어떤 흐름으로 담을 것인가입니다.

1) 기술별 메시지 설계 기준

각 기술에는 그에 맞는 메시지 구조가 필요합니다. 우리는 기술별로 다음과 같은 기준을 적용합니다.

AI 출력 메시지

핵심은 3초 안에 보여야 합니다. 첫 문장에 목적과 핵심 가치를 전달해야 합니다.

이메일 자동화 메시지

제목은 클릭하고 싶게 만들고 본문은 '핵심 한 문장 → 3줄 요약 → CTA'로 이어지게 구성합니다. 불필요한 수식·디자인을 제거하고 핵심만 전달합니다.

챗봇 응답 메시지

질문은 단순하게 하고, 답변은 자연스럽고 인간적인 톤으로 하며, 선택지를 명확히 하고, 응답은 빠르게 합니다.

2) 메시지 전략의 기반: AIDA 모델

어떤 메시지든 설득 흐름은 같습니다. 우리는 모든 디지털 메시지를 AIDA 구조에 따라 설계합니다.

단계	설명	목적
Attention	시선을 끄는 제목과 첫 문장	'멈추게 만들기'
Interest	바이어가 원하는 정보를 명확하게 전달	'읽게 만들기'
Desire	적용 사례, 가치, 효과 강조	'갖고 싶게 만들기'
Action	지금 해야 할 행동 제안	'클릭하게 만들기'

3) 실제 적용 예시

예시 1 | 이메일 자동화(산업용 필름 수출 사례)

- 상황: 유럽 바이어가 제안서를 3회 열람
- 자동 이메일 제목: "확인하신 고내열 필름 – 맞춤 샘플 가능합니다."
- 첫 문장: "최근 독일·폴란드 업체에 적용된 사례가 늘고 있습니다."
- 3줄 설명:
    - 귀사 열람 모델은 180도 내열 테스트 완료
    - 점착력 조정 샘플 준비 중
    - 실제 사용에 맞게 커스터마이징 가능
- CTA: "샘플 요청하기"
    - 관심 기반 메시지 + AIDA 구조 = 클릭률 상승

예시 2 | 챗봇 흐름

- 질문: "어떤 제품이 궁금하신가요?"
- 선택지: A. 비교 / B. 견적 / C. 샘플
- 답변: "해당 제품은 최근 유럽 10개사에서 사용 중입니다. 샘플은 내일 바로 발송 가능합니다."
- 버튼: [샘플 신청하기]

이 모든 구조는 하나의 목적을 향합니다. "기술이 아니라, 메시지가 바이어를 설득합니다." 기술은 단지 '보내는 도구'일 뿐이고, 그 안에 담긴 메시지 흐름이 전략을 실행시킵니다. 이것이 전략의 본질입니다.

자동화보다 중요한 것: 전략화

디지털 무역에서 우리가 마지막으로 강조하고 싶은 것은, 자동화보다 더 중요한 것이 '전략화'라는 점입니다. 자동화는 반복되는 일을 빠르게 수행해주는 도구입니다. 하지만 전략화는 그 일을 왜, 언제, 어떤 흐름으로 해야 하는지를 설계하는 사고의 구조입니다.

기술은 도입하고 연결하면 작동합니다. 그러나 그 기술이 수출 성과로 이어지려면, 그 위에 설계된 명확한 전략 구조가 반드시 존재해야 합니다. 자동화는 '실행'을 빠르게 합니다. 하지만 전략화는 '실행의 방향'을 만들어냅니다.

전략이 없는 자동화는 효율만 높이고, 결과를 만들지 못합니다. 반면, 전략이 있는 자동화는 고객에게 의미 있는 타이밍, 적절한 메시지, 설득력 있는 흐름을 제공하며 실행을 성과로 전환시킵니다. 이 차이는 단순한 기능이 아니라 사고의 출발점이 어디에 있느냐에 따라 결정됩니다.

디지털 무역에서 기술보다 사고가 먼저입니다. 사고가 전략을 만들고, 전략이 흐름을 만들며, 그 흐름이 기술을 설계합니다. 기술은 언제든 쌓을 수 있습니다. 그러나 관계는 설계되어야만 만들어집니다. 그리고 그 설계는 전략에서 시작됩니다.

전략은 단지 '효율을 높이는 기술 도입'이 아니라, "무엇을, 누구에게, 어떤 방식으로 연결할 것인가"에 대한 본질적인 질문입니다. 이 질문에 명확하게 답할 수 있는 기업은 기술이 아닌 관계의 구조로 수출을 실행합니다.

"우리는 누구에게, 무엇을, 어떻게 연결하고 있는가?" 이 질문이 바로, 수출의 출발점입니다.

5장

T2M,
IP 기반
수출 전략

기술이 아닌 연결의 문제

제가 최건식 대표(변리사)와 처음 깊이 있는 대화를 나누게 된 계기가 있습니다. 기술 기업의 해외 진출 실패율이 지나치게 높다는 문제의식을 공감했기 때문입니다.

한국 기업의 기술력은 글로벌에서도 통할 만큼 위상이 높다고 생각했습니다. 제품도 시장성이 있으며 정부 지원을 통해 국제 전시회 참가, IR 피칭, 온라인 플랫폼 등록까지 경험한 기업도 많았습니다. 하지만 실제 계약으로 이어지는 경우는 극히 드물었습니다.

우리는 이 문제에 대해 반복적으로 이야기를 나눴고, 결국 하나의 공통된 결론에 도달했습니다. 문제는 기술이 아니라 '연결'이었습니다.

CIPO로서 최 대표는 수많은 기술 기반 스타트업과 중소기업을 만나왔고 지금도 매일같이 만나고 있습니다. 그들 대부분은 우수한 기술력과 차별화된 제품을 갖추고 있었고, 자신의 특허와 시장성에 대한 자부심도 명확했습니다.

하지만 그 기술은 시장 안에서 '어떻게 보이는가'를 파악하지 못하고 누가 '의사결정자'인지, '무엇으로 신뢰를 얻어야 하는지'를 전략적으로 설계하지 못한 채 방치되고 있었습니다.

디지털 무역 환경에서 기술 기업이 신뢰를 얻기 위해서는, 단순한 제품 설명이나 회사 소개로는 부족합니다. 신뢰는 다음의 요소들이 '구조화된 흐름'으로 연결될 때 형성됩니다.

◘ 정확한 시장 진단

기술의 적용 가능성을 '이론'이 아닌 IP 기반 산업·시장 매핑으로 구체화해야 합니다. 어떤 국가, 어떤 산업, 어떤 문제를 가진 기업들이 이 기술을 필요로 하는가를 특허 인용 분석, 경쟁 기술 대비성, 수입 구조 등을 통해 객관적으로 진단해야 합니다.

◘ 올바른 결정권자 도달 구조

B2B 바이어는 대부분 다층적 조직 속에 있고, 의사결정권자는

마케팅 담당자가 아닐 수도 있습니다. 기술에 따라 접근해야 할 주체는 다르기 때문입니다. 소재 기술은 품질보증부서, 소프트웨어는 운영총괄, 플랫폼 기술은 전략기획부서가 될 수 있습니다. '누가 최종 판단자인가'를 IP 맵과 조직 구조 분석을 통해 명확히 설정하지 않으면 메시지는 전달돼도 연결은 되지 않을 가능성이 큽니다.

▶ 디지털 설득 흐름의 구성

바이어는 제품 자체보다, '이 기술이 우리 문제를 어떻게 해결할 수 있는가'를 보고 판단합니다. 기술 소개서는 단지 정보가 아니라, 디지털로 체계화된 설득 흐름이어야 합니다. 웹페이지, 제안서, 이메일, 챗봇, 리뷰, 인증서 등의 순환 구조 속에서 바이어는 '이 기업은 일할 준비가 되어 있다'는 인상을 얻게 됩니다.

기술은 훌륭했지만, 이 모든 구조가 없었기에 결과로 이어지지 않았습니다. 그래서 우리는 결론 내렸습니다. 문제는 기술의 부족이 아니라, 결정권자와의 연결 흐름이 부재한 상태에서 신뢰를 만들려 했기 때문입니다.

신뢰는 정보가 아니라 구조이며, 신뢰는 태도가 아니라 흐름입니다. 이 깨달음이 바로 우리가 'T2M(Tech to Market)' 프로그램을 설계하게 된 이유입니다.

T2M은 단순히 기술을 홍보하는 시스템이 아니라, 기술을 정확히 진단하고, 맞는 시장에 연결하여, 적절한 결정권자에게 도달할 수 있도록 전체 설득 흐름을 디지털 구조로 구현하는 전략 모델입니다. 기술은 연결되지 않으면 존재하지 않는 것입니다.

T2M은 실행을 위한 구조다

기술 기업이 해외 시장에 진출하지 못했던 이유는 분명합니다. 기술은 있었지만, 그것을 시장과 연결해주는 신뢰 기반의 실행 구조가 없었기 때문입니다.

이 문제를 해결하기 위해 저희는 단순한 '지원 프로그램'이나 '마케팅 도구'가 아니라, 실제로 작동하고 반복 가능한 수출 구조를 설계해야 한다는 결론에 도달했습니다. 그리고 그 구조는 'T2M'이라는 이름으로 탄생했습니다.

T2M은 Connect AI의 실행 중심 철학과 IP 기반 수출 전략이 결합된 기술·IP 기업 전용 디지털 무역 실행 모델입니다. 단순히 기술을 설명하거나 바이어 리스트를 주는 것이 아니라, 기술이 어떻게 시장에 보이고, 누가 그것을 결정하며, 어떤 흐름을 통해

실제 계약으로 이어지는지를 설계한 구조입니다.

T2M은 각 기업의 준비 수준과 전략적 여건에 따라 다음과 같은 3단계로 구성되어 있습니다.

1) T2M 스타터: 기술·IP 기반 수출 진단

이 단계는 기업이 보유한 기술이 어떤 시장, 어떤 바이어와 연결될 수 있을지를 전략적으로 진단하는 출발점입니다. 기술의 IP 구조와 경쟁 특허를 분석하고 적용 가능한 국가, 산업군, 수요 기업을 구체화합니다.

여기서 중요한 것은, 단순한 시장 정보가 아니라 '특허 기반 수요 지도(map)'를 만드는 것입니다. 즉, 어떤 기술이 어떤 시장에서 어떤 바이어에게 왜 필요하다고 해석되는지를 정확하게 가시화합니다. 그리고 그 기술의 강점을 시장 관점에서 다시 해석하여, 바이어가 쉽게 이해할 수 있는 언어로 바꾸는 과정도 포함됩니다.

2) T2M 실행: 바이어가 움직이게 만드는 PoC 제안 구조

수출은 단지 기술을 소개하는 것만으로 이루어지지 않습니다. 바이어가 '한번 써보자'고 판단하게 만드는 구조가 필요합니다. 이 단계에서는 단순한 기능 설명이 아니라, 바이어가 실제 테스트(PoC, Proof of Concept)를 결정할 수 있도록 설득 흐름을 설계하는 것이 핵심입니다.

바이어가 처음 접하는 콘텐츠는 기술의 장점보다, '이 기술이 우리 업계에 어떤 의미가 있는가?', '지금 왜 이걸 검토해야 하는가?'를 명확히 보여주는 언어로 구성되어야 합니다.

이 흐름은 단순히 콘텐츠 하나로 이루어지지 않습니다. 먼저 Connect AI의 바이어 행동 분석 기술을 활용해, 바이어가 열람한 시간, 공유 횟수, 반복 클릭 등을 실시간으로 분석합니다.

관심이 감지되면, 1단계: 이 기술이 어디에 적용되는가 → 2단계: 우리가 검토해야 할 이유 → 3단계: 지금 연락하면 어떤 절차가 진행되는가로 순차적으로 설계된 메시지가 자동 전달됩니다. 핵심 제안 구조는 다음과 같은 흐름입니다.

- **PoC 적용 시나리오:** 바이어의 실제 사용 환경에 맞춘 테스트 예시
- **검증 방식과 측정 지표:** 바이어가 납득할 수 있는 '성공의 기준' 제시
- **바이어 측 준비 요소:** 필요 장비, 대응 인력, 테스트 조건 등 체크리스트
- **예상 효과 및 진행 기간:** 바이어가 투자할 시간·비용에 대한 명확한 보상 제시

이 구조는 이메일, 제안서, 챗봇, 랜딩페이지 등 모든 접점에서 동일한 흐름과 언어로 설계됩니다. 즉, 바이어는 어떤 채널에서 접

하든 '이 기술은 지금 우리가 검토해볼 만하다'는 판단을 내릴 수 있게 됩니다.

3) T2M 확장: 바이어 반응으로 흐름을 최적화

PoC(기술 검증) 이후는, 관심에서 계약으로 넘어가는 중요한 전환 구간입니다. T2M은 이 시점부터 바이어의 행동 데이터를 정밀하게 분석해, 실행 흐름 전체를 최적화하는 구조로 진화합니다.

예를 들어, 제안서 열람 횟수, 페이지 체류 시간, CTA 클릭률 등의 수치를 바탕으로 '어떤 메시지 구조일 때 가장 전환율이 높았는가'를 파악합니다. 만약 열람 후 24시간 이내 후속 메시지를 보낸 그룹의 계약 전환율이 2배 높았다면, 그 흐름을 중심으로 메시지 타이밍을 조정합니다.

이후에는 후속 제안 메시지 구조, 계약 조건 안내 방식, 기술 보완 요청 흐름 등을 바이어 맞춤형으로 미세 조정합니다.

결과적으로, 바이어가 가장 자연스럽게 계약까지 도달할 수 있는 흐름을 만드는 것이 이 단계의 핵심입니다. 동시에, 한 바이어와의 흐름에서 효과가 입증되면, 같은 산업군의 다른 바이어군에도 그 구조를 복제하여 확장합니다.

이런 방식으로, 하나의 PoC가 다중 PoC → 반복 계약 → 시장 침투로 확장되는 구조를 설계합니다.

T2M은 결국 기술 그 자체가 아니라, '기술이 계약으로 이어지게 만드는 흐름'을 설계하는 전략입니다.

기술은 훌륭한 자산입니다. 하지만 그 자산이 수익이 되려면, 반드시 흐름 안에서 작동해야 합니다. 이제는 단순히 좋은 기술만으로는 설득할 수 없는 시대입니다. 우리는 다음과 같은 질문에 답해야 합니다.

- 이 기술이 바이어에게 어떻게 '보이고',
- 어떤 흐름 안에서 '이해되고',
- 어떻게 '계약으로 이어지게 할 것인가?'

T2M은 그 해답을 '전략적으로 설계된 흐름'이라는 방식으로 제안합니다.

기술은 자산입니다. 하지만 계약은 흐름에서 나옵니다. 지금 우리에게 필요한 건, 기술이 설득되는 구조를 설계하는 일입니다.

스타터: 가능성을 수치로 증명하다

T2M의 첫 번째 단계인 '스타터'는 기술의 수출 가능성을 실제

'수치'로 증명하는 실행 프로그램입니다.

핵심은 단 하나입니다. "이 기술이 지금 시장에서 통할 수 있는가?" 그리고 이 질문에 대한 답은 분석이 아닌 실행을 통해 검증합니다. 이 과정을 설계하면서, 저와 최건식 CIPO는 다음과 같은 역할 분담으로 참여했습니다.

최건식 대표는 기술의 IP 구조를 진단하고, 경쟁 특허를 비교하며, 산업별 수요를 정렬하고 국가별 진입 전략을 수립하는 역할을 맡았습니다. 즉, 기술이 어떤 시장에서 유리한가를 판단하는 '시장-기술 포지셔닝'을 설계했습니다.

저는 그 기술이 디지털 무역 환경에서 바이어에게 어떻게 '보일 수 있는가'를 설계했습니다. 바이어의 행동 데이터를 분석하고, 이메일, 랜딩페이지, 제안서 같은 콘텐츠를 통해 바이어의 반응을 유도하는 실행 구조를 설계했습니다. T2M 스타터 패키지의 흐름은 다음과 같습니다.

1) 기술·IP 진단 분석

현재 기술이 어떤 산업에서 경쟁력이 있는지를 다음 항목을 통해 정량적으로 확인합니다.

- 특허 인용 분석

- 기술 수명주기 평가
- 경쟁 기술과의 비교

2) 산업군별 수출 포지셔닝

기술이 어떤 문제를 해결하는지를 시장 중심의 언어로 재정의합니다. 예를 들어 "고분자 분산제"를 "환경 규제 대응형 수처리 솔루션"으로 재정의하는 것입니다.

3) 결정권자 100명 대상 메시지 전송

선정된 산업군 내 기술·구매 결정권자 100명을 선별하여 실제 맞춤 메시지를 발송합니다.

4) 반응률 기반 수출 가능성 수치화

다음 항목을 분석해, 수출 전환 가능성을 정량화합니다.

- 클릭률
- 열람률
- 회신율
- 추가 문의율

5) 관심 바이어 실명 DB 제공

긍정적 반응을 보인 바이어의 이름, 소속, 응답 내용을 포함한 실제 PoC 대상 리스트를 제공합니다. 그리고 반응은 예상보다 빠르게 나타났습니다.

정확한 기술명을 밝힐 수는 없지만, 가장 높은 클릭률을 보인 문장은 다음과 같았습니다. "이 기술은 일본 ○○ 업계에서 최근 3개월 간 기술 요청이 급증한 카테고리입니다."

그리고 바이어가 가장 오래 머문 문서는 적용 사례 PDF였습니다. 이처럼 바이어는 단순한 기술 소개보다 '지금 왜 이 기술이 필요한가'를 말해주는 콘텐츠에 집중했습니다.

스타터의 진짜 목적은 평가가 아닙니다. 스타터의 본질은 '기술이 수출 가능성을 갖고 있는가?'에 대해 실제로 실행해보고, 바이어의 반응으로 확인하는 것입니다.

그 결과는 보고서나 이론이 아닙니다. 실명, 수치, 클릭, 회신, 요청이라는 '행동의 데이터'로 드러나는 수출 가능성입니다.

기술과 제품이 아무리 훌륭해도 기술의 수출 가능성이 무조건 커지지 않습니다. 바이어가 움직이지 않으면 의미가 없습니다. 스타터는 바로 그 움직임을 만들고, 그 반응을 수치로 확인하게 하는 구조입니다.

일본 바이오 시장 진출: 실행 실전 사례

일본 시장은 단순한 기술 소개만으로는 움직이지 않습니다. 철저한 사전 준비와 신뢰 기반의 흐름 설계가 핵심입니다. 기술 그 자체보다, 그 기술이 어떤 맥락으로 소개되고, 어떤 흐름에서 접근되는가가 관계 형성과 수출 전환에 결정적인 영향을 미칩니다.

저희는 일본 진출을 희망하는 바이오 기업과 함께 T2M 스타터를 실행하고, 이후 실전 실행 모델을 적용했습니다.

먼저 이 기업의 특허 구조, 제품 데이터, 기술의 특징을 정밀 분석했습니다. 그 결과, 일본 의료기기 산업 내에서 어떤 기업군에 어떻게 접근해야 하는지를 정의하는 '타깃 포지셔닝'을 도출했습니다. 이후 AIDA 전략을 기반으로 제안서와 메시지 구조를 다음과 같이 설계했습니다.

단계	구성 내용
Attention	"귀사가 사용하는 ○○ 공정에서 이 소재가 어떤 역할을 할 수 있는지 확인해보세요."
Interest	일본 내 유사 기술 대비 성능 비교 지표, 국내외 적용 사례
Desire	고객 입장에서 예측 가능한 성능 개선 효과 및 비용 절감 시뮬레이션
Action	"샘플 검토 또는 기술 검증 논의를 희망하신다면 연락 바랍니다."

이 메시지 흐름은 바이어의 실제 행동 흐름을 실시간으로 분석하도록 설계하였고, 그 결과, 다음과 같은 행동 데이터가 도출되었습니다.

◆ 실행 결과(실제 데이터)

항목	수치	해석
제안서 오픈율	43%	제목·첫 문장 전략이 초기 반응을 성공적으로 유도
관심도 행동 분석	28%	2회 이상 열람 + 제품 비교표에서 60초 이상 체류한 비율
응답 회신율	11%	관심도 상위 바이어 중 실제 문의·회신 비율

그 결과, 3건의 화상 미팅이 연결되었고 그중 1건은 기술이전 방식의 PoC 테스트 협의로 발전했습니다. 특히, 한 바이어의 피드백은 인상 깊었습니다.

"당신의 기술은 흥미롭습니다. 우리에게 필요한 기술 파트너였습니다."

이 피드백은 단순한 제품 경쟁력을 내세우기보다 어떤 흐름으로 접근하고, 어떻게 관계를 설계하는가가 수출 성공의 본질이라는 점을 다시 한번 증명해주었습니다.

확장: 수출이 반복되도록 만드는 구조

T2M의 세 번째 단계인 확장(Expansion)은 앞선 스타터(진단)와 실행(실전 설득) 단계에서 만든 성과를 '지속 가능하고 반복 가능한 수출 흐름'으로 구조화하는 과정입니다.

이 단계에서 우리는 무엇이 효과적이었고, 무엇이 반복될 수 있는지를 데이터 기반으로 검증한 뒤, 그 구조를 복제 가능한 실행 단위로 설계합니다.

즉, 확장은 '한 번 수출'이 아니라, '수출이 계속 일어나도록 만드는 체계 설계'입니다. 다음은 T2M 확장 단계에서 실제로 작동하는 핵심 전략입니다.

1) 기술 자료와 콘텐츠의 재사용 구조화

실행 단계에서 만든 기술 요약서, 제안서, 메시지 콘텐츠, 랜딩페이지는 그 자체로 '1회성 자료'가 아닙니다. 우리는 이 콘텐츠를 산업군, 시장군, 사용 시나리오별로 모듈화하여 자동 재조합 가능한 콘텐츠 라이브러리로 구성합니다.

예를 들어, 같은 기술이라도 식품 포장재 바이어에게는 '환경 규제 대응 소재'로, 전자재료 바이어에게는 '정전기 방지 기능 소재'로 콘텐츠 구성을 달리합니다.

2) 협상 문서와 계약 구조의 템플릿화

NDA, PoC 협상 구조, 계약서 초안 등은 매번 새로 만들 필요가 없습니다. 우리는 산업군별로 자주 쓰이는 조건을 미리 구성해둡니다.

예를 들어, 기술이전 계약서 초안에서 자유 사용되는 항목은 다음과 같습니다.

- PoC 기간: 3개월
- Milestone: 2단계
- 보장 조건: IP 미사용 시 반환 조항

이런 항목을 템플릿으로 만들어두면 실무자는 문서를 쓰는 데 시간을 쓰지 않고, 전략과 설득에 집중할 수 있습니다.

3) 계약 조건 시뮬레이션

기술 수출 계약은 단순 단가 협상이 아닙니다. 선불(Upfront), 성과별 조건(Milestone), 지속 수익(Royalty) 등 복합적인 구조가 많습니다. 우리는 기업에 어떤 구조가 가장 유리한지 시뮬레이션 툴을 통해 계약 전략을 숫자 기반으로 준비할 수 있게 돕습니다.

4) 실시간 행동 분석 반응 분석과 흐름 최적화

확장의 본질은 반복입니다. 하지만 무작정 반복해서는 안 됩니다. 실시간 바이어 행동 분석 기술을 통해 바이어의 반응 데이터를 누적 분석하고, 전환율이 높은 흐름만 남깁니다.

예를 들어, 어떤 시장에서는 초기 메일보다 2차 맞춤 메시지에서 전환율이 높다면, 그 시장에는 2차 대응을 중심으로 메시지 전략을 재설계합니다.

PoC 전환율이 낮은 산업군은, 적용 사례 콘텐츠를 강화하거나 기술 설명을 간소화해 진입 문턱을 낮춥니다.

5) 글로벌 세일즈와 사람의 설계

아무리 시스템이 좋아도 수출을 계약으로 마무리하는 건 결국 사람입니다. 바이어의 맥락을 읽고, 기술을 설명하기보다 문제를 들어줄 수 있는 협상가. 그게 바로 글로벌 세일즈팀의 역할입니다.

T2M은 이 세일즈팀이 시스템과 협력해 반응 데이터를 피드백으로 넣고, 더 정밀한 구조를 만드는 흐름을 설계합니다. T2M의 확장 단계는, 한 번의 계약으로 그치지 않고 계속 반복되는 수출 흐름을 기업이 스스로 운영할 수 있게 하는 구조를 만드는 것입니다.

IP 기반 무역은 신뢰의 구조

우리는 T2M을 통해 기술을 수출로 바꾸는 것이 아닙니다. 기술을 신뢰로 바꾸는 구조를 설계합니다.

많은 기술 기업이 탁월한 특허를 보유하고, 국내외 인증을 갖추며, 수많은 전시회에 참가하고, 마케팅 활동까지 전개하고 있지만, 그 기술이 수출로 이어지지 않는 이유는 단 하나, 신뢰를 기반으로 한 결정권자가 연결되지 않았기 때문입니다.

기술이 아무리 훌륭해도, 그 신뢰는 콘텐츠와 전략만으로는 만들어지지 않습니다. 관계를 반복 가능하게 만드는 구조, 결정권자와 이어질 수 있는 흐름, 수치로 증명되는 설득, 이 모든 것이 결합될 때 비로소 IP는 시장에서 살아 있는 언어가 됩니다.

Connect AI는 그 흐름을 만들기 위해 존재합니다. 기술과 기술 사이, 기술과 시장 사이, 무엇보다 사람과 사람 사이의 신뢰 구조를 설계하는 것. 그것이 우리가 T2M을 만든 이유입니다.

6장

IP 기반 무역은
신뢰의 구조다

_ 최건식 CIPO

보이지 않는 상품, IP

▶ 보이지 않지만 실재하는 것: 새로운 상품으로서의 지식재산

과거의 무역에서는 제품이 명확한 실체를 가지고 있어야 거래할 수 있었습니다. 자동차, 가전제품, 화학 소재처럼 눈에 보이는 물건이 수출입의 중심이었습니다. 그러나 오늘날의 무역은 점점 더 디지털화되고 있으며, 상품의 실체는 물리적 형태가 아니라 '권리화된 기술'로 대체되고 있습니다.

AI 알고리즘, 데이터베이스 구조, SaaS 플랫폼, 디지털 콘텐츠, 사용자 경험 설계 등은 모두 물리적 형태 없이도 거래 가능한 무형자산입니다. 이때, 이러한 무형 자산의 실체성을 증명하는 유일한 방법이 바로 지식재산권(IP)입니다.

지식재산권 중 특허는 기술의 핵심 구성과 차별성을 정의하고, 저작권은 코드나 콘텐츠의 소유를 밝히며, 상표는 브랜드의 정체성을 나타냅니다. 권리적인 측면에서, 이들은 상보적인 역할을 하며, 구체적으로, 특허는 기술의 혁신적인 요소를 보호하고, 저작권은 창작물의 독창성을 보호하며, 상표는 제품이나 서비스의 출처를 나타내는 브랜드에 화체된 신용을 보호합니다.

무엇보다 무역에 있어서, 이들은 법적 보호 수단을 넘어, 신뢰 가능한 거래 언어가 됩니다. 즉, IP는 타깃 국가에서의 제품의 독점적인 권리 또는 보호를 넘어서, 신뢰를 형성하는 도구로 활용됩니다.

✚ IP가 기술을 설명 가능하게 만들고,
설명 가능한 기술이 시장에서 거래 가능한 기술이 된다

예를 들어, A라는 회사가 자연어처리 AI 엔진을 수출하려 한다고 가정해봅시다. 단순히 "언어를 해석할 수 있는 AI"라고 설명하는 것만으로는 바이어의 신뢰를 얻기 어렵습니다.

그러나 "본 기술의 핵심으로 동작하는 언어 분할 알고리즘에 대해 PCT 특허 출원이 완료되었으며, 타깃 국가인 일본, 미국에 선진입하여 국내 단계 진행 중입니다. 핵심 모듈은 코드 수준에서 저작권 등록되었고, 제품명은 주요 국가에 상표 등록이 진행 중입니다"라고 하면 어떨까요? 기술이 실체화되고, 법적 구조 속에서 거래 가능한 언어로 전환됩니다.

만약, A 회사가 "언어를 분석할 수 있는 AI"라는 기술 설명에만 집중한다면, 그 기술의 고유성, 기술적 가치, 보호 수준에 대해 판단하기 어려우므로 바이어 입장에서는 위험부담이 클 수밖에 없습니다.

하지만 후자와 같이 권리를 확보하고자 하는 의지와 권리화 절차 진행을 위한 노력 등을 명확히 제시한다면, 기술의 실체와 권리의 안정성이 입증되어 거래의 신뢰 기반이 마련됩니다.

이처럼 지식재산권은 기술을 '설명 가능한 형태'로 구조화함으로써, 단순한 아이디어나 기능을 시장에서 신뢰받는 거래 대상으로 전환시킵니다.

기술은 그 자체로는 추상적일 수 있으나, 특허, 저작권, 상표 등의 IP를 통해 법적으로 보호되고 구체화된 권리로 정의될 때, 바이어와 투자자에게 실질적인 가치를 전달할 수 있게 됩니다.

즉, IP는 기술이 단순한 설명에 그치지 않고 법적 권리로 구체화되도록 하며, 이러한 '구체화된 설명'은 기술이 비즈니스 거래의 언어로 작동하게 만듭니다.

이는 특히 디지털 무역 시대에 있어, 기술이 시장에서 정당하게 평가받고 가치를 실현하는 데 있어 필수적인 인프라라 할 수 있습니다.

▶ 제품에 적용된 특허뿐만 아니라, R&D 방향성이 반영된 특허 확보 전략이 중요하다

제품의 성격에 따라 지식재산권별 중요도나 권리화 전략은 다를 수 있습니다. 그러나 기술 기반 제품의 경우, 핵심이 되는 IP는 단연 특허입니다.

최근에는 오픈소스의 확산이나 기술 공유 문화로 인해, 기초적인 기술은 이미 공개되어 있거나 자유롭게 활용되는 경우가 많습니다. 이러한 환경에서 '이미 공개된 기술이라 특허는 어렵다'라는 인식이 생기기 쉬우나, 이는 매우 위험한 접근입니다.

특허는 단순히 구현된 기술 그 자체가 아니라, 자연법칙을 이용한 기술적 사상, 즉 기술 아이디어에 대한 배타적 권리를 보호하기 위한 것입니다. 다시 말해, 특허는 당장 제품에 적용된 기능에만 국한되지 않고, 미래의 제품이 어떤 방향으로 진화할 수 있는지에 대한 전략적 사고를 담을 수 있는 수단입니다.

기술 발전은 상상을 초월할 정도로 빠르게 이루어지고 있습니다. 오늘의 신기술이 내일의 구식이 되는 현실 속에서, 실제 무역이 이루어지는 시점에는 이미 더 진화된 기술이 요구되기 마련입니다.

즉, 현재 제품에 적용된 기술만을 기준으로 IP를 확보하는 전략은 미래 시장에서의 우위를 확보하는 데 한계가 있을 수밖에 없습니다.

따라서 제품 R&D 로드맵에 따라 예상되는 기술 변화, 시장 확대 가능성, 미래의 기술 융합 가능성 등을 반영하여, 현재는 제품에 구현되지 않았더라도 장래 반영될 수 있는 기술 요소에 대해 선제적으로 특허를 선점하는 것이 매우 중요합니다. 이를 통해 기술의 지속 가능성을 보장하고, IP가 단순한 보호 수단을 넘어 시장 지배 전략의 핵심 자산으로 기능할 수 있게 됩니다.

즉, 무역을 전제로 하고 있는 경우, 현재 제품에 적용된 특허에만 집중하는 것이 아니라, 제품의 R&D 방향성과 기술의 진화 가능성을 고려하여 선제적이고 전략적인 글로벌 특허 포트폴리오를 함께 구축해야 합니다. 이를 통해 기업은 단기적으로는 현재 제품의 기술 보호와 시장 진입 장벽을 확보할 수 있고, 장기적으로는 기술 발전에 따른 시장 지배력과 확장성을 가져가는 구조를 만들 수 있습니다.

바이어는 거래에 앞서 기술의 지속 가능성, 발전성, 독점 가능성 등을 면밀하게 검토합니다. 이러한 상황에서, 기업이 현재 제품에 대한 IP뿐 아니라 향후 진화될 기술 영역에 대한 특허까지 확보하고 있다는 사실은, 단순한 기술력뿐만 아니라 전략적 준비성과 시장 선도 가능성에 대한 신뢰로 이어집니다. 결국, 이는 단발성 계약이 아닌 장기적 협력 관계로 나아가는 기반이 될 수 있으며, 기술 기반 수출이 신뢰 위에서 이루어지도록 만드는 핵심 요소가 됩니다.

이러한 선제적 IP 전략은 단순한 법적 안정성 확보를 넘어서, 바이어와의 사전 협상, 투자 유치, 공동 기술 개발, 그리고 글로벌 라이선싱 전략 수립 시에도 핵심 자산으로 기능합니다.

특히 기술 수출 과정에서 자주 등장하는 '기술 실체에 대한 실사(Due Diligence)'에서, 특허와 저작권, 상표가 유기적으로 연계된 포트폴리오는 기업의 전문성과 기술 신뢰성을 입증하는 결정적 근거가 됩니다. 나아가 해당 기술이 시장에서 어떻게 독점적 위치를 확보할 수 있는지에 대한 시나리오까지 제공할 수 있기 때문에, 바이어는 단순한 기능을 넘어, 장기적 수익성과 시장 통제력까지 고려한 평가를 내리게 됩니다.

권리가 먼저 거래되는 시대, IP는 신뢰의 언어다

즉, IP는 단순한 보호의 도구를 넘어, 기술을 설명하고, 거래를 성립시키며, 파트너에게 확신을 심어주는 신뢰와 설득의 구조적 출발점이 됩니다. 이는 특히 디지털 무역 환경에서 두드러지게 나타나는데, 이제는 제품 그 자체보다 '그 기술이 보호되고 있다는 사실'이 먼저 거래되는 시대로 접어들고 있기 때문입니다.

기술이 빠르게 복제되고 경계 없는 시장에서 경쟁이 벌어지는 오늘날, 기술의 실체를 보증하는 것은 오직 IP뿐입니다. 특허로 기술의 독창성을 설명하고, 저작권으로 창작물의 소유를 입증하며, 상표로 브랜드의 정체성과 시장 신뢰를 담보할 수 있을 때, 바이어는 비로소 해당 기술을 '구매할 수 있는 대상'으로 인정합니다. 무형의 기술이 권리를 통해 실체화되고, 실체화된 기술이 IP를 통해 비즈니스의 언어로 번역될 때, 비로소 거래는 성립되고 무역은 시작됩니다.

결국, IP는 기술 기반 기업이 세계 시장에서 신뢰를 구축하고 협상을 주도하며, 성장의 판을 설계할 수 있는 핵심 자산입니다. 디지털 무역의 시대, 우리는 이제 '기술'이 아니라 '신뢰'를 팔고 있는 것입니다. 그리고 그 신뢰의 구조는, 바로 IP에서 출발합니다.

디지털 무역의 흐름과 IP의 개입 지점

✦ From Tech to Market(T2M): IP의 전략적 타이밍

디지털 무역의 흐름에서는 제품이 완성된 뒤 수출하는 전통적 구조가 더 이상 작동하지 않습니다. 오늘날의 무역은 '완성된 무엇'을 수출하는 것이 아니라, 시장의 반응과 동시에 기술을 진화시키고 그에 맞는 권리 구조를 빠르게 설계해가는 순환적 흐름으로 바뀌고 있습니다. 이러한 변화는 단순한 기술 전시를 넘어 실질적 신뢰를 바탕으로 한 거래로 이어지기 위해, IP의 개입 시점과 역할이 훨씬 더 전방으로 이동했음을 의미합니다.

이러한 디지털 무역의 변화는, Connect AI의 온라인 비즈매칭을 통한 해외 각국의 타깃 바이어 매칭 솔루션에 의해 더욱 가속화될 것입니다. '완성된 IP'를 준비한 후 무역을 시작하는 것이 아니라, 타깃 해외 시장이 매칭되고, 해당 해외 시장의 니즈에 따라 IP 설계부터 수출 전략까지의 전 주기를 맞춤형으로 구성하고, 이를 빠르게 실현할 수 있는 체계가 마련된 것입니다. 즉, 기술과 시장, 그리고 IP가 하나의 흐름 안에서 실시간으로 조율되는 구조로 진입한 셈입니다.

이런 맥락에서 IP는 더 이상 '보호 장치'가 아니라, 기획 단계에서부터 개입하는 '전략적 수단'이 되었습니다. 이어서 디지털 무역 흐름 속에서 IP가 실질적으로 개입하는 핵심 시점들에 대해 알아보겠습니다.

① PoC 단계: 사전 보호와 범위 정의

디지털 무역에서 기술은 완성된 제품의 형태로 일방향적으로 수출되는 것이 아니라, 시장 반응과 함께 진화하고 조정되는 대상입니다. 이러한 맥락에서 PoC 단계는 단순한 테스트 이상의 의미를 가지며, 초기 수출 전략의 핵심 지점으로 작용합니다.

PoC 단계에서는 기술이 상용화되기 전, 투자자, 바이어, 현지 파트너와의 공동 검토 또는 시장 반응을 검증하는 작업이 진행됩니다. 이 과정에서 단순히 비밀 유지 계약(NDA)만 체결하는 것으로는 충분하지 않습니다. NDA는 침해에 대한 사후 대응 수단일 뿐, 기술의 법적 실체성과 보호 범위를 명확히 규정하지는 못하기 때문입니다.

따라서 이 시점에서는 특허 청구항 관점에서 기술의 핵심 구성요소와 보호 범위를 구조적으로 정리해 두는 것이 필요합니다.

예를 들어, "모션 트래킹 알고리즘"이라는 포괄적인 표현은 기술의 실체를 명확히 하지 못하고 보호 범위가 불투명합니다. 이에 반해, "센서 신호 기반 3축 동작 예측 모듈(청구항 1-3)"과 같이 권리 기반의 명확한 설명은 기술의 핵심 내용을 구조화하고, 거래 상대방에게 기술에 대한 명확한 소유와 보호를 입증하는 수단이 됩니다. 이는 거래 협상의 시작점에서 신뢰를 확보하는 핵심적인 역할을 합니다.

디지털 무역의 가장 큰 특징은 해외 시장 반응을 실시간으로 확인할 수 있다는 점입니다. 특히 타깃 국가가 결정되면, 그 국가의 고객군, 산업 구조, 규제 환경 등에 따라 동일 기술이라도 요구되는 기능이나 가치가 달라질 수 있습니다. 예컨대, 유럽에서는 개인정보 보호와 안전성이 주요한 기술적 고려 요소일 수 있고, 미국 시장에서는 처리 속도와 비즈니스 확장성이 더욱 중시될 수 있습니다. 이런 차이를 반영하지 않고 하나의 IP로만 대응할 경우, 해당 시장에서의 기술 활용도나 차별성이 떨어질 수 있습니다.

따라서 디지털 무역 환경에서는 PoC 단계에서부터 '시장 기반의 권리 범위 설정'이 핵심 전략이 됩니다. 즉, 기술의 전체 구조를 기준으로 하나의 특허만 준비하는 것이 아니라, 시장별로 중요하게 평가받는 기능이나 구조를 중심으로 분할하여 각기 다른 권리 범위를 가진 IP를 설계해야 합니다. 이를 통해 특정 시장에서의 경쟁력 있는 기술 포지셔닝이 가능해지고, 향후 기술이전 또는 라이선스 협상에서도 시장 맞춤형 조건을 제시할 수 있게 됩니다.

결국, PoC 단계는 단순한 사전 검증을 넘어, 각 국가의 반응을 실시간으로 피드백 받아 기술을 조정하고, 이에 맞춰 IP를 유동적으로 설계할 수 있는 전략적 터미널입니다. 이처럼 IP는 디지털 무역의 흐름 속에서 정적인 '등록 결과물'이 아니라, 시장의 맥락과 연결되어 끊임없이 진화하는 전략적 도구로 기능해야 합니다.

② 전시회, IR 단계: 권리화된 기술 구조 제시

해외 전시회, 데모데이, 투자 유치(IR)와 같은 공개적인 기술 소개의 자리에서는 기술의 핵심 내용이 외부에 노출되는 것을 전제로 합니다. 그러나 이때 기술이 외부에 '얼마나' 노출되는지, '누구에게' 노출되는지에 따라 IP 전략은 섬세하게 조정되어야 합니다.

기술을 소개하는 대상이 신뢰 가능한 투자자나 전략적 파트너 등 일정 수준의 이해관계를 갖는 인물들일 경우, 핵심 기술의 구조나 동작 원리까지 비교적 상세하게 제시할 수 있습니다.

반면, 다수의 일반 참관객이 참석하는 글로벌 전시회나 온라인 공개 행사 등 불특정 다수가 기술 정보를 접할 수 있는 경우에는, 상세한 기술 설명은 위험요소가 될 수 있으므로 적절한 정보 제한이 필요합니다.

그럼에도 불구하고, 기술이 일정 수준 이상의 구체성을 보여줘야 협상이나 투자가 가능한 경우가 많기 때문에, '기술 노출'과 '기술 보호'는 반드시 병행되어야 하는 전략 요소입니다. 이때 중요한 것이 바로 '시각화된 IP 구조'입니다.

어떤 요소가 특허로 보호되고 있는지, 기술의 전체 구성 중 공개 가능한 영역과 비공개로 유지할 영역은 어디인지, 제3자가 자유롭게 사용할 수 없는 범위는 어떻게 설정되어 있는지 등을 분명히 밝혀야 합니다.

이러한 정보는 단순히 구두 설명이 아니라, 다이어그램이나 테이블 등 시각적 자료를 통해 명확히 정리되어야 합니다. 예를 들어, "플랫폼 구성 요소별 IP 구조 다이어그램+각 구성 요소에 대한 등록번호 또는 출원정보 명시" 등을 통해 정리될 수 있습니다. 이는 바이어에게 "이 기술은 단순한 아이디어가 아니라, 명확한 권리 기반 위에 보호되고 있는 구조"라는 강력한 메시지를 줍니다.

특히 글로벌 전시회는 전 세계의 바이어, 투자자, 기술 인력, 경쟁사 등이 모두 자유롭게 접근 가능한 공개된 플랫폼이기 때문에, 기술 노출이 한 국가에 국한되지 않고, 다국적 권리 침해 위험이 동시에 발생할 수 있는 상황이므로, 사전 권리화는 반드시 글로벌 전략에 기반해야 합니다.

이를 위해, 글로벌 전시회 참가 전에, PCT 출원을 하는 것을 추천합니다. PCT 출원은 하나의 국제 출원으로 다수 국가에 진입할 수 있는 기반을 마련해주기 때문에, 전시회 이후 실제로 진출할 국가가 결정되었을 때 즉시 해당 국가에 진입해 권리를 확보하는 선제적 대응이 가능합니다.

요약하면, 전시회나 IR 단계에서의 IP 전략은 다음과 같은 세 가지 원칙을 기반으로 설계되어야 합니다.

첫째, 노출 범위에 따른 기술 공개 수준 조정: 누구에게, 어디까지 보여줄 것인가를 명확히 합니다.

둘째, 시각화된 IP 구조 자료 제공: 기술의 권리화 상태를 한눈에 확인할 수 있도록 합니다.

셋째, 사전 권리 확보: 특히 글로벌 전시회의 경우, PCT 출원을 통해 사전 우선권을 확보하고 이후 전략적 국가 진입이 가능하도록 준비합니다.

이처럼 전시회, IR 단계는 단순한 기술 홍보의 자리가 아니라, IP를 기반으로 신뢰를 증명하고, 후속 거래나 협력 가능성을 열어가는 핵심 접점입니다. 따라서 IP는 기술을 보호하는 방어 수단을 넘어, 시장 진입의 신호탄이자 교섭력을 확보하는 무기로 기능해야 합니다.

③ 글로벌 진출 결정 시점: 선점적 권리 구조 설계

글로벌 진출이 구체적으로 결정되는 시점은, 단순히 제품을 수출하는 차원을 넘어, 해외 시장에서의 권리 확보와 권리 충돌 위험을 동시에 고려한 정교한 IP 전략 수립이 요구되는 단계입니다.

우선, 특정 국가로의 진입이 결정되었다면, PCT 출원을 통한 국제 출원 시스템 활용 혹은 파리 조약에 따른 직접국 출원을 통해 해당 국가에서의 권리 선점이 이루어져야 합니다. 그러나 여기서 중요한 점은, 특허는 '권리의 보호'를 의미할 뿐, 해당 기술의 자유로운 실시를 보장하지는 않는다는 점입니다.

즉, 내 기술이 특허로 등록되었다고 하더라도, 해당 시장에서 실질적으로 사용 가능하도록 보장받는 것은 전혀 별개의 문제입니다. 다음과 같은 경우, 자신의 특허를 실행하는 것 자체가 타인의 권리를 침해할 수 있기 때문입니다.

- 해당 시장에서 내 기술의 실시 방식이 현지에서 이미 등록된 타인의 특허에 포함되는 경우
- 내 특허의 주요 구성 요소가 타인의 특허를 부분적으로 포함하거나 의존하는 이용관계에 있는 경우
- 국가별 시장 요구에 따라 기술 구현 방식이 달라지는 경우
- 해당 방식이 타 특허의 범위에 포함될 수 있는 경우

이러한 문제를 방지하기 위해, 글로벌 진출 결정 단계에서는 반드시 FTO(Freedom to Operate, 자유 실시 가능성) 분석이 병행되어야 합니다. FTO 분석은 해당 국가에서의 기술 실시가 제3자의 특허를 침해하지 않는지를 사전에 검토하여, 실제 기술 상용화에 앞서 법적 리스크를 제거하는 핵심 절차입니다. 이 과정은 단순한 '출원 여부' 판단을 넘어, 현지 시장에서의 기술 적합성 및 실행 가능성까지 고려한 전략 수립으로 이어져야 합니다.

한편, 해외 IP 출원 시점 및 타깃 국가의 선정과 관련하여, 대부분의 기업은 "글로벌 진출 가능성이 있으니, 일단 미국·유럽·일본 등 주요 국가에 출원부터 하자"는 방식으로 진행해왔습니다. 이러한 방식은 시장성, 경쟁 환경, 고객 수요에 대한 실질적인 조사 없이, 국가 규모나 인지도에만 기반하여 출원을 결정하는 관행이었습니다. 그러나 이 전략은 불필요한 비용이 발생하고, 실제 거래 가능성 낮은 국가에 대한 비효율적인 권리 유지로 이어지는 경우가 많았습니다.

실제 내 기술에 관심을 보이는 국가는 우리가 예상했던 국가가 아닌 전혀 다른 제3국일 수도 있습니다. 이러한 정보는 시장 반응 중심의 Connect AI의 매칭 솔루션을 통해 정량적으로 파악될 수 있습니다.

Connect AI 솔루션은 기술 특성과 글로벌 시장 데이터를 기반으로, 특정 기술에 관심을 보이는 해외 시장을 미리 도출할 수 있습니다. 이를 통해, 단순히 '큰 시장'에 출원하는 것이 아니라, '내 기술을 필요로 하는 시장'에 집중하여 IP와 수출 전략을 동기화하는 방식으로 전략을 전면 전환하면 효과적입니다.

정리하면, 글로벌 진출 시점의 IP 전략은 다음과 같은 세 가지 핵심 원칙을 기반으로 설계되어야 합니다.

첫째, 권리 보호와 자유 실시의 분리 인식: 특허 등록은 내 권리를 주장하는 도구이지, 실행의 자유를 보장하지는 않습니다. 반드시 FTO 분석을 병행해야 합니다.

둘째, '큰 시장'이 아닌, '내 기술을 찾는 시장' 중심의 전략 전환: Connect AI의 매칭 솔루션을 통해 사전 시장 타깃팅 후, 출원 국가를 결정합니다.

셋째, 사전 권리 확보의 글로벌 설계: 전시회, 상담회, 공동 프로젝트 등을 고려해 진출 전에 PCT 혹은 직접국 출원으로 선점 구조를 형성합니다.

이러한 구조적 전략 수립 없이는, 해외 진출이 오히려 법적 리스크와 비용 낭비로 이어질 수 있으며, 기술의 실질적 수출 가능성도 크게 저하됩니다. 따라서 글로벌 진출은 단순한 수출 계획이 아닌, '권리와 시장이 동시 작동하는 설계 구조'로 접근해야 합니다.

✚ IP로 기술을 보이게 하라: 설명 가능성에서 거래 가능성으로

보이지 않는 기술은 보호도 어렵고, 이를 바탕으로 설득하기도 어렵습니다. 기술이 아무리 우수하더라도, 그것이 구조화되지 않고 권리화되지 않으며 설명되지 않는다면 거래의 언어로 전환되기 어렵습니다. 특히 디지털 무역 환경에서는 기술의 실체가 물리적 제품이 아닌 만큼, 기술의 존재와 차별성을 '눈에 보이게'

만드는 작업이 반드시 진행되어야 합니다.

바로 이 지점에서 IP는 단순한 법적 보호 도구를 넘어, 기술을 '설명 가능한 구조'로 전환시키는 언어적 장치이자, 신뢰 기반의 거래를 가능하게 하는 설계 수단이 됩니다. 특히 청구항은 기술의 핵심을 구조화하고, 저작권은 콘텐츠의 창작성을 증명하며, 상표는 브랜드 정체성을 시각화합니다. 이러한 IP 구성 요소들이 함께 작동할 때, 기술은 보이지 않는 아이디어에서 '보이는 거래 자산'으로 변모합니다.

결국, IP를 기반으로 기술을 시각화하면, 기술은 설명 가능해지고, 설명 가능해진 기술은 거래 가능한 구조로 바뀝니다. 이것이 바로 디지털 무역 시대에 IP가 기술 수출의 실질적 출발점이자, 글로벌 거래의 공통 언어로 작동해야 하는 이유입니다.

IP 진단: 기술이전 전 반드시 거쳐야 할 관문

▶ 양도 전 적법 절차: IP 진단의 실전적 기능

기술이전은 단순히 기술을 이전하는 것이 아닙니다. 기술에 대한 권리, 책임, 사용 조건 등이 계약서로 명문화되는 법적 절차이자 거래 행위입니다. 이 과정에서 가장 중요한 것은 이전되는 기술이 실제로 누구의 소유인지, 어떠한 권리 구조로 되어 있는지, 그리고 실제로 이전 가능한 권리인지를 명확히 진단하는 과정입니다. 이처럼 IP 진단은 기술이전의 출발점이자 필수 관문입니다. 여기서 말하는 IP 진단은 단순히 특허가 존재하는지를 확인하는 수준이 아닙니다. 진정한 진단은 다음과 같은 다차원적 분석을 포함해야 합니다.

- 기술의 구성과 청구항의 구조적 정합성
- 기술 실사용 방식과 권리 범위의 부합 여부
- 경쟁 기술 대비 회피 설계 가능성
- 이전 가능한 권리의 유형과 범위
- 이미 설정된 라이선스의 존재 유무

이는 단지 권리를 보호하기 위한 사전 점검 차원을 넘어서 계약의 범위, 방식, 전략 자체를 결정하는 실질적 기초 자료로 기능합니다. 다음은 기술이전 전 반드시 확인해야 할 IP 진단 항목을 구조화한 체크리스트입니다.

항목	진단 내용	목적
권리 상태	특허 출원·등록 여부, 갱신·연차 상태	계약 시 유효 권리 여부 확인
청구항 범위	제품·서비스 구성과 청구항의 일치 여부	권리 침해 또는 과보호 방지
경쟁 특허 분석	유사 특허 존재 여부 및 회피 가능성	기술적 차별성 및 실행 가능성 확보
라이선스 여부	제3자에게 이미 권리가 부여되었는지	독점권 또는 제한 조건 확인
기술이전 구조 적합성	PoC, 라이선스, 양도 중 어떤 방식이 적절한가?	기술, 파트너, 시장에 맞는 최적 계약 구조 도출

◈ IP 진단 실제 사례

IP 진단은 계약 리스크를 사전에 제거하기 위한 필수 과정입니다. 한 AI 스타트업은 자사의 행동 예측 알고리즘 기반 플랫폼을 동남아의 공공안전 기관과 연계하여 기술이전을 하려 했습니다. 그러나 IP 진단 과정에서, 제안서에 포함된 핵심 기능 중 일부가 현지에서 이미 등록된 경쟁사 특허의 청구항과 충돌된다는 사실이 발견되었습니다.

이에 따라 계약 체결 직전, 해당 기능을 기술 범위에서 제외하거나 회피 설계된 버전으로 재구성한 후 PoC를 수행하고, 이후 검증된 범위 내에서 기술이전 계약을 체결하는 방식으로 기술 구조와 계약 범위가 전면적으로 조정되었습니다.

만약 이러한 진단을 생략하고 곧바로 계약을 체결했다면, 기술이전 이후 특허 침해 소송, 계약 해지, 또는 손해배상 청구 등 심각한 법적 분쟁으로 이어질 수 있는 상황이었습니다. 이 사례는 IP 진단이 단순한 점검이 아니라, 계약 리스크를 사전에 제거하는 실질적 통제 수단임을 보여줍니다.

▶ Connect AI의 역할: 진단에서 전략까지

Connect AI는 단순히 매칭 솔루션을 제공하는 것을 넘어, 기술이전을 고려하는 기업을 위한 선제적 'IP 진단 솔루션'을 제공합니다. 기업이 보유한 기술의 성숙도, 시장 대응력, 그리고 권리화 현황을 종합 분석하여 다음과 같은 단계로 진단을 수행합니다.

- 기술 역량 진단: 기술의 단계(개념·PoC·상용화), 구성 요소, 기술 독창성 평가
- 권리 현황 분석: 보유 특허의 등록 여부, 보호 범위, 경쟁 특허와의 중복 가능성
- 이전 가능성 평가: 권리 이전 또는 라이선스 가능성 판단, 제3자 권리와의 충돌 위험 분석
- 맞춤형 대응 전략 제안: 필요한 경우 회피 설계 제안, 출원 전략 수정, 계약 구조 재설계 등

이처럼 Connect AI는 기술이전 전의 사전 점검 역할을 함으로써, 거래 후 발생할 수 있는 법적·상업적 리스크를 최소화하고, 기술의 이전이 단절 없이 실행 가능한 계약으로 이어질 수 있도록 IP 기반의 실전 전략을 지원합니다.

◈ 실전 예시 및 작성 방식

① IP 진단 예시

1. 개요
(중략)

2. 특허 포트폴리오 현황
1) 출원 및 등록 현황

번호	발명의 명칭	출원번호	공개/등록번호	국가	법적 상태	존속기간 만료일
1	항산화 및 면역증강용 건강기능식품 조성물	2024-0XXXXXX	KR 2XXXXX B1	KR	등록	2044.XX.XX
2	피부 관리 장치	2024-00XXXXX	KR 2XXXXX B1	KR	등록	2044.XX.XX
3	….	….	….	….	….	….

등록된 특허를 살펴보면, **건강기능식품 조성물**과 관련하여 1건이 등록되었으며, 이는 **항산화 및 면역력 증진을 위한 기능성 성분의 조합 기술**을 보호하고 있음.
(중략)

2) 등록 특허의 권리성 평가
A~B 등급의 핵심 특허를 중심으로 글로벌 권리 확보를 추진하며, 상대적으로 보호가 약한 특허들은 보완 출원을 통해 권리 범위를 확장하는 전략이 필요함.
(중략)

3. 특허 기술 분석
1) 주요 기술 요소
2) 기술적 차별점

(중략)

4. 해외 출원 전략 및 추천 국가
1) 미국(US): AI·의료·헬스케어 시장의 글로벌 선도국
미국은 세계 최대 규모의 의료·헬스케어 시장을 보유하고 있으며, 특히 AI 기반 의료기술, 건강기능식품, 광역학 치료제 등 첨단 바이오 기술이 빠르게 발전하고 있는 국가임.

(중략)

5. 특허 포트폴리오 전략 및 추천 방향
첨부된 18개의 특허는 건강기능식품, 피부 관리 장치, 광역학 치료 기술, 혈액 모듈레이션 장치 등 다양한 분야에서 혁신적인 기술을 보호하고 있으며, 해당 기술들은 개별적인 특허 보호를 넘어 글로벌 시장에서의 <u>강력한 특허 포트폴리오 구축을 통해 지식재산권을 활용한 경쟁력 확보 전략을 수립할 필요가 있음.</u>

(중략)

6. 종합 결론

> **TIP** 기술이전은 계약의 문제이기 이전에 IP의 문제
>
> 기술을 이전하는 것은 곧 권리를 이전하는 행위이며, 이 권리가 유효하고 명확해야만 계약이 실현됩니다. 따라서 IP 진단은 선택이 아닌 필수이며, 글로벌 기술 거래의 신뢰 기반을 구축하는 가장 중요한 사전 절차입니다.

글로벌 기술 거래 구조와 전략

◆ **IP 중심의 수출 구조 설계법**

글로벌 기술 수출은 단순한 '해외 판매'가 아닙니다. 기술 그 자체만으로는 거래가 성립되지 않습니다. 기술은 IP를 중심으로 구조화되어야 하며, 계약 가능한 형태로 재구성되고, 각국의 법제 및 거래 환경에 따라 리스크를 최소화하는 전략이 수립되어야 합니다. 이를 위해 다음의 세 가지 구조적 축이 필요합니다.

① **권리 중심의 기술 설명**

디지털 무역 환경에서 기술의 기능이나 효율성을 아무리 강조해도, 권리가 명확히 구조화되지 않으면 거래 상대방은 이를 '사용할 수 있는지' 판단할 수 없습니다. 따라서 단순한 기술 설명서가 아닌, 권리 기반 기술 설명서(IP 기반 설명서)가 필요합니다.

여기에는 다음과 같은 요소가 포함되어야 합니다.

- 어떤 기능이 어느 특허에 해당하는지 명시
- 해당 특허의 등록번호와 보호 범위
- 기능별로 청구항 매칭
- 해당 IP의 실시 가능성과 기술 적용 상태

| 예시 표현 방식 |

"본 시스템의 로그인 알고리즘은 제10-234XXXX호 특허의 청구항 1~3에 해당함."

"영상 압축 기술은 PCT/KR2024/04XXXX의 국제 출원 기술 중, Frame Selection 모듈에 해당하며, 청구항 5~8로 보호됨."

이러한 설명은 기술의 소유 구조를 명확히 하고, 제3자의 침해 가능성을 예방하는 핵심 기반이 됩니다.

② 다국적 권리 분산 전략

글로벌 진출 시 단일 국가만을 겨냥한 출원 전략은 리스크가 큽니다. 현지 경쟁사 대응, 모방 가능성, 수출 규모 등을 고려해 **PCT(특허협력조약) 국제 출원을 통해 일단 우선권을 확보한 후, 전략적으로 진입 국가를 선택해야 합니다.**

이때 필요한 전략적 요소는 다음과 같습니다.

- 우선 보호 국가 선정:
  - 타깃 시장 조사에 따른 단계별 진출 시장, 시장 규모, 기술 모방 리스크, 강제 실시 가능성 등 고려
  - 예: 의료 기술: 미국·유럽 우선, SaaS 기술: 동남아·인도·호주 중심 전략

- 시차 전략 활용:
    - 국가별 기술 적용 속도 차이를 활용해 분할 출원 또는 변형 청구항 전략을 수립
    - 예: 유럽: 기술 요소 중심, 미국: 기능성과 구현 방법 강조
- 포인트:

    기술의 핵심 기능은 동일하지만, 각국의 산업·시장·규제 환경에 따라 출원 포인트와 청구 범위를 다르게 설정함

③ 계약용 IP 패키지 구성

기술이전을 포함한 글로벌 거래에서 가장 큰 장애물은 '상대방의 검토 지연'입니다. 이 문제를 해결하기 위해, 사전 구성된 협상용 IP 패키지를 준비해야 합니다. 이는 계약 협상 시간을 단축하고, 신뢰와 전문성을 동시에 확보하는 수단입니다.

주요 구성 요소 및 작성 목적

구성물	목적
기술 요약서	핵심 기능 및 권리 내용을 간결히 제시
청구항 비교표	청구항 구성 요소와 실제 기능을 1:1 대응시켜 정리
FTO 요약 리포트	유사 특허와의 회피 가능성 사전 분석
사용권 계약서 초안	협상 시간 단축, 협의 구도 선점
기술·IP 시각화 다이어그램 예시	기술과 IP 구조를 시각적으로 설명

➕ 실전 예시 및 작성 방식

| 기술 요약서 예시 |

> **기술명**: AI 기반 실시간 고객 이탈 예측 엔진
> **적용 분야**: 금융, 통신, 커머스
>
> 본 기술은 고객의 행동 데이터를 실시간으로 분석하여 이탈 가능성이 높은 고객을 예측하고, 관리자에게 이를 시각적으로 알림으로써 선제적 대응이 가능하도록 하는 AI 예측 시스템입니다.
>
> **핵심 기능**:
> 실시간 고객 행동 데이터 분석
> 분류기(Classifier) 기반 이탈 위험도 점수 산출
> 관리자 대시보드 연동
>
> **지식재산**:
> 특허 제10-234XXXX호(이탈 예측 로직 알고리즘)
> 저작권 등록 제C-2024-12XXX호(분석 코드 및 UI 설계) (후략)

| 청구항 비교표 예시 |

청구항 구성 요소	기술 구성	대응 자료
(a) 고객 행동 데이터 수집 모듈	Tracker SDK	시스템 설계도, 모듈 API 문서
(b) 이탈 위험 점수 산출 알고리즘	AI Classification Module	핵심 알고리즘 수식, 테스트 결과
(c) 관리자 UI 연동 모듈	Dashboard with Alert	실제 UI 캡처 이미지

※ 각 청구항에 실제 구현 모듈을 대응시키고, 이를 설계도나 이미지로 보강하여 권리와 구현의 일치성을 시각적으로 설명합니다.

| FTO 요약 리포트 작성 방식 |

분석 대상 시장: 싱가포르, 말레이시아, 인도네시아
검색된 유사 특허: 6건
주요 권리 충돌 위험 특허: SG1020190XXXXX(A사), MY-175XXX(B사)
분석 내용:

비교 특허	주요 청구항	우리 기술과의 유사점	회피 가능성
SG1020190XXXXX	로그 기반 행동 분석	분석 방식 유사	로그 타입 다름: 회피 가능
MY-175XXX	Alert Dashboard 제공	UI 구조 유사	구현 방식이 상이: 적용 방식 차별화 가능

(후략)

※ 기술별로 경쟁 특허와의 구성 요소 비교 및 실시 태양 상 차이를 분석하여, 침해 가능성 제거와 기술 차별화 전략을 동시에 정리합니다.

| 사용권 계약서 초안 예시 |

제1조 (목적)
본 계약은 라이선서(Connect AI Inc.)가 보유한 AI 고객 이탈 예측 기술에 대해, 라이선시(PT. SmartRetail Indonesia)에게 해당 기술의 사용 권한을 부여함을 목적으로 한다.
제2조 (라이선스 대상)
  특허 제10-234XXXX호
  저작권 등록 제C-2024-12XXX호
  알고리즘 구현 코드 및 데이터 파이프라인
  관리자 대시보드 UI (디자인 포함)
제3조 (사용 범위)
  지역: 인도네시아 및 말레이시아 내 한정
  기간: 5년
  권한: 제조, 상업적 이용, 2차 개발 가능 (재라이선스 금지)

제4조 (대가 및 지급 조건)
    계약금: 50,000 USD (계약 체결 시)
    로열티: 연 매출의 3% (연간 보고 기준)
    추가 개발 시 기술료 협상 별도
제5조 (기밀 유지 및 권리 귀속)
    라이선시가 개발한 파생 기술 중 기존 청구항 기반 기술은 라이선서에게 귀속
    양 당사자는 비공개 정보 보호에 협력
(후략)

※ 실제 계약 체결 시에는 별도 전체 본문 계약서와 기술 부속서(Exhibit)로 구성되며, 위 초안은 협상 시작 단계에서 논의 방향을 정리하기 위한 목적으로 사용됩니다.

Ⅰ 기술/IP 시각화 다이어그램 예시 Ⅰ

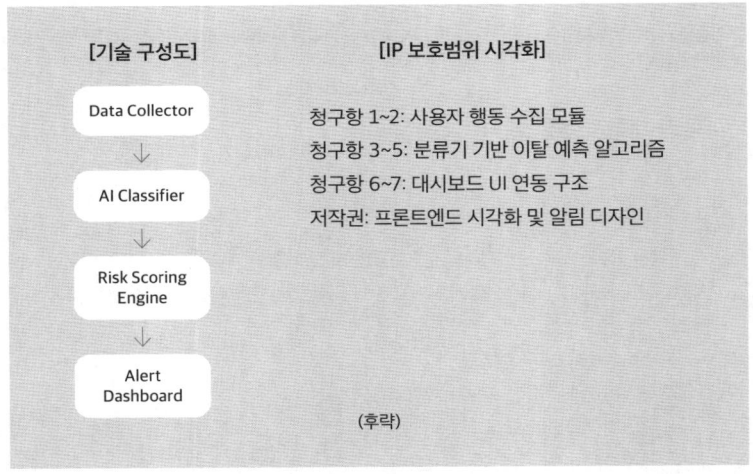

※ 각 구성 요소 옆에 특허 청구항 번호와 권리 형태(특허·저작권·상표)를 명시함으로써, 바이어가 '이 기술의 어떤 부분이 보호되고 있는지'를 한눈에 이해할 수 있도록 시각화합니다.

> **TIP** **기술 거래 패키지는 거래 전략의 핵심 도구**
>
> 위와 같이 구성된 **IP 중심의 기술 거래 패키지**는 단순한 기술 설명을 넘어서, '**권리 기반 기술 설명 → 다국적 권리 설계 → 사전 협상 전략**'까지 연결된 **통합 거래 전략의 핵심 도구**가 됩니다. 바이어는 검토 시간을 획기적으로 단축할 수 있고, 기업은 거래 주도권을 확보할 수 있습니다.
>
> 정리하면, 글로벌 기술 거래는 기술만으로 완성되지 않습니다. 기술을 어떻게 설명하고, 어떻게 보호하고, 어떻게 설계된 계약 구조로 연결할 것인지를 포함한 IP 기반 전략 구조가 기술 수출의 본질입니다. 이는 '기술의 품질'이 아니라, '거래 가능성'을 중심으로 기술을 재설계하는 작업이기도 합니다.

IP 기반 예측형 수출 전략 프레임

◘ 예측형(Predictive) 무역 전략을 위한 IP 설계 로직

오늘날의 기술 기반 무역은 과거 데이터를 기준으로 단순히 매출성장률이나 거래 건수를 예측하는 정량적 접근에 그치지 않습니다. 이제는 기술의 권리 구조 자체를 기반으로 바이어의 반응을 선제적으로 유도하고, 협상 조건과 시장 진입 시점의 불확실성을 줄이는, IP 중심의 예측형 무역 전략이 필요합니다.

기술을 권리로 구조화하고, 이 권리를 통해 바이어의 반응을 선제적으로 예측하며, 계약 조건과 거래 시점을 전략적으로 설계하는 것이 글로벌 기술 거래의 새로운 표준입니다. 즉, IP는 거래 성사를 위한 조건을 구조화하고 시뮬레이션할 수 있는 전략적 자산이 되어야 합니다.

구체적으로, IP 기반 예측 전략은 IP 진단 결과를 토대로 다음 사항들을 계획·조정·설득의 수단으로 활용하는 단계입니다.

- 바이어의 요구 수준에 맞는 권리 포지션을 어떻게 설계할 것인가?
- 바이어의 입장에서 계약 조건이나 협상 흐름을 어떻게 선제적으로 조율할 것인가?
- 시장 진입을 위해 어떤 권리 구조로 브랜드 가치를 구성할 것인가?

이를 위한 전략 프레임은 다음의 세 가지 핵심 예측 요소와 그에 대응하는 IP 설계 방식으로 구성됩니다.

◆ 전략 프레임워크: IP 중심 예측 요소

전략 요소	IP 개입 방식	기대 효과
바이어 반응 예측	유사 기술 대비 권리 범위 비교 분석	기술 우위 명확화, 신뢰 선점 효과
계약 리스크 완화	라이선스 조건 사전 설계(지역·산업·기한 제한 포함)	불필요한 분쟁 예방, 협상 시간 단축
브랜드 가치 상승	특허·디자인·상표 통합 권리화 및 시각화 자료 제공	브랜드 보호 + 진입 장벽 구축 효과

① **바이어 반응 예측**

기술 수출에서 가장 예측이 어려운 요소는 **바이어의 협상 반응**입니다. 그러나 IP를 기준으로 경쟁 기술 대비 권리 범위를 비교 분석하면, 바이어가 기술의 '우수성'과 '배타성'을 얼마나 높게 평가할지를 선제적으로 예측할 수 있습니다.

예를 들어, 유사한 기능을 가진 다른 기술들과 비교해 우리 기술이 더 넓은 권리 범위를 확보하고 있거나, 더 구체적인 구현 구조를 권리화하고 있다면 바이어 입장에서는 **침해 리스크가 낮고, 독점성이 높기 때문에 기술 도입 매력이 증가합니다.**

반대로 경쟁 기술이 이미 해당 시장에 다수 존재하고, 유사 청구항이 다수 등록되어 있다면, 바이어는 계약 시 가격 인하 또는 기간 제한 같은 조건을 제시할 수 있습니다. 이러한 권리 기반 비교 분석은 거래 조건, 협상력, 그리고 바이어의 구매 가능성을 예측하는 핵심 수단이 됩니다.

② **계약 리스크 완화**

글로벌 기술 수출의 계약 협상 과정에서는 '어떤 권리를, 어디까지, 언제까지 사용할 수 있는가'에 대한 라이선스 조건이 핵심 쟁점이 됩니다. 여기서 IP는 단지 출원 유무를 넘어서, 어떻게 계약 구조에 녹아 들어갈 수 있는지를 미리 설계해두는 것이 중요합니다.

예를 들어, 아래의 조건들을 미리 IP 기반 계약 조항에 삽입하면, 분쟁을 예방하고 협상 소요 시간을 단축할 수 있습니다.

- **지역 제한**: 동남아 5개국 중 2개국 독점, 나머지 국가 비독점
- **산업 제한**: 금융·통신 분야에 한정하여 사용 허용
- **기간 제한**: 3년 후 재협상 조항 포함

또한, IP 진단 결과 특정 국가에서 제3자 권리와 충돌 우려가 있다면, 해당 국가만 제외한 라이선스를 설계하거나, 회피 설계 후

PoC 단계를 거치는 식으로 계약 리스크를 실질적으로 조정할 수 있습니다. 즉, 계약 리스크는 '사후 대응'이 아니라 IP 구조 설계를 통한 사전 회피가 가능한 변수입니다.

③ 브랜드 가치 상승

기술을 수출할 때, 바이어는 기술 자체뿐만 아니라 그 기술을 사용하는 제품·서비스가 현지 시장에서 브랜드 가치를 형성할 수 있는가도 평가합니다. 이때 단순한 특허만으로는 부족하며, 상표·디자인·저작권 등 복합적 권리 구조가 통합적으로 제시되어야 합니다. 예를 들어, 다음과 같이 제시하면 효과적입니다.

- **플랫폼 솔루션의 경우**: 핵심 엔진 특허 + UI 디자인 등록 + 브랜드 상표 등록
- **하드웨어 연계 기술의 경우**: 기능 특허 + 외형 디자인 등록 + 로고 상표

이렇게 기술과 브랜드를 함께 보호하는 IP 포트폴리오를 구성하면, **바이어는 제품의 시장 확장성과 브랜드 차별성을 신뢰하게** 됩니다. 이는 진입 장벽 형성과 시장 독점 효과를 유도할 수 있는 중요한 요소입니다. 또한, 이러한 통합 IP 전략은 단기적인 기술이전 계약을 넘어 장기 파트너십 체결이나 현지 법인 공동 투자 등 확장형 수출 구조로 이어질 수 있는 기반이 됩니다.

이러한 예측형 IP 전략은 단순히 기술 거래의 가능성을 높이는 것을 넘어, 해외 시장 진입 전반에 걸친 리스크를 줄이고, 기회를 넓히는 구조적 전략으로 작동합니다. 특히 Connect AI와 같은 시장 기반 매칭 솔루션과 연계하면, 타깃 시장의 권리 수요와 기업 보유 기술 간의 격차를 사전에 분석하고, **바이어 반응과 기술 수용 가능성을 수치 기반으로 예측할** 수 있어, 실제 기술 수출 성공률이 비약적으로 상승합니다.

> **TIP** **예측형 IP 전략의 3대 명제**
>
> - 기술을 설명하지 말고, 권리를 증명하라.
>   기술 기능보다 중요한 것은 그것이 어떻게 보호되고 있는지에 대한 권리의 구조적 증거입니다.
>
> - 계약보다 신뢰를 먼저 설계하라.
>   IP 기반의 신뢰는 계약 이전의 의사결정 구조에서 핵심적 영향력을 가집니다. 바이어는 기술이 아닌 '확신'을 삽니다.
>
> - 기술보다 IP를 먼저 보여줘라.
>   기술의 구현은 다양한 방식으로 설명할 수 있지만, 거래 가능성은 권리 구조를 얼마나 명확히 제시할 수 있느냐에 달려 있습니다.

마무리: IP는 신뢰의 실체다

IP 기반 무역 전략은 **법률 문서 작성의 문제가 아니라, 시장 언어를 구성하는 전략적 작업**입니다. 기술을 보호하는 차원에 그치지 않고 기술을 보여주고 설득하고 관계를 만드는 구조화 도구로 작동해야 합니다.

Connect AI는 기술이 시장에서 경쟁력 있게 작동하기 위해, IP를 단순한 법률이 아닌 **거래와 설계, 설득의 구조로 재해석합니다**. IP는 더 이상 '사후 보호'의 수단이 아닙니다. 무역의 시작점이자, 신뢰의 실체입니다.

– 7장 –

이렇게 연결했습니다:
실전 무역 성공 사례

디지털 무역은 추상적인 전략이 아닙니다. 7장에서는 현장에서 검증된 실행 흐름과 수치, 그리고 그 흐름을 설계한 전략 요소를 사례를 통해 소개합니다.

예측은 가능해야 한다: 수출의 핵심은 흐름을 아는 것

많은 기업이 수출을 '기회'라고 표현합니다. 하지만 디지털 무역 시대에서 기회란 우연이 아니라, 설계된 흐름입니다.
우리가 강조하는 실행 전략은 다음의 세 가지 원칙 위에 놓입니다.

- **데이터를 관찰하라**: 바이어의 실제 행동을 추적하고
- **반응을 해석하라**: 어떤 콘텐츠가 설득력을 가졌는지 파악하고
- **타이밍을 조율하라**: 관심이 발생한 시점에 적절한 후속 액션을 유도하라

바이어 행동 분석을 통해, 바이어가 어떤 콘텐츠를 몇 번 보고, 어디서 오래 머물렀는지를 실시간으로 분석함으로써 '누가 지금 관심을 갖고 있는가'를 가시화하는 설득 기술이 핵심입니다.

◆ 사례: 동남아 식품 OEM 수출 흐름 분석

한 국내 식품 OEM 기업은 스타터 프로그램을 적용하여 동남아시아 가공식품 바이어 100명을 타깃으로 설정했습니다. AIDA* 전략 기반 제안서를 구성해 이메일 캠페인을 실행했고, 그 결과 다음과 같은 흐름이 도출되었습니다.

---

* AIDA: 사람들의 관심을 끌고(Attention) → 흥미를 이어가며(Interest) → 가지고 싶다는 마음을 만들고(Desire) → 마침내 행동으로 이어지게 하는(Action) 단계별 설명 모델.

지표 항목	수치	해석 기준
이메일 열람률	41%	제목 구성과 발신자 신뢰 설계가 효과적
제안서 열람률	26%	분석된 문서 오픈 및 관심도 행동
2회 이상 재열람	9명	'관심도 높음' 바이어 분류 기준 도달
회신 및 문의	3명	실제 응답을 통해 후속 소통이 발생한 바이어
샘플 요청 및 발송	2건	제품 테스트 의향 명확 표현
계약 체결	1건	실행 시작 후 5주 이내 계약 성사

이 결과는 단순히 좋은 반응이 있었던 게 아닙니다. 설계된 흐름이 의도한 대로 작동했고, 각 지점에서 실시간 바이어 행동 분석 기술이 흐름을 측정하고 안내한 결과였습니다. 클릭은 관심으로, 반복 열람은 의도된 고려로, 회신은 신뢰의 시작으로 전환되었습니다. 그리고 계약은 그 흐름의 자연스러운 도착점이 되었습니다. 무역은 더 이상 기회를 기다리는 일이 아닙니다. '어떤 흐름을 만들 것인가'에 따라 계약이 달라집니다. 그 흐름은 예측할 수 있고, 설계될 수 있습니다.

뷰티 산업: 브랜드가 아니라, 감도의 설계였다

화장품 스타트업 A 사는 제품력도 인정받았고, 브랜딩과 디자인 또한 세련되게 구축되어 있었습니다. 하지만 매출은 일정 수준에서 정체되어 있었고, 박람회에 여러 차례 참가했음에도 실제 구매로 이어지는 전환율은 매우 낮은 수준이었습니다.

우리는 그 원인이 브랜드 인지도나 제품력 때문이 아니라, 바이어와 연결되는 방식에 있다고 판단했습니다. 즉, '설득'이 아니라 '전시'에 머물렀기 때문이라 보았습니다. 그래서 전략의 중심을 바꾸었습니다. "브랜드가 아니라, 감도를 설계해야 한다." 우리는 감각과 공감을 중심에 둔 콘텐츠 흐름을 창출하고자 했습니다.

T2M 실행 단계에서는 실시간 바이어 행동 분석 기술 기반 분석을 통해 바이어가 어떤 메시지에 감각적으로 반응하는지를 먼저 파악했습니다.

그 결과, 단순한 제품 설명보다는 '브랜드의 미학', '원료의 스토리', '실제 고객 리뷰', '감성 이미지와 라이프스타일 연계 콘텐츠' 등 감각 중심의 메시지가 바이어의 재열람률과 반응률을 높인다는 사실을 확인했습니다.

우리는 이를 바탕으로 바이어 대상 제안서를 재구성했습니다. 그 개요는 다음과 같습니다.

- 텍스트 중심 콘텐츠에서 '이미지'와 '감성 문구' 중심 콘텐츠로 전환
- 기술 사양서 대신 소비자 후기 중심 구조로 설계
- AIDA 전략 중 특히 관심(Attention)과 욕구(Desire)에 집중

◆ 실행 결과: 데이터 기반 감도 반응 구조

지표 항목	수치·내용
대상 바이어 국가군	중동, 미국, 베트남 총 3개국
총 발송 바이어 수	300명
첫 열람 후 재열람까지 평균 시간	2.7일(RTDIA 기준 '고려 중' 판단 기준 도달)
'감각적 차별성'에 대한 회신	5건: "이 브랜드, 감각이 다르네요"
샘플 요청 수	4건
실제 계약	미국 유통사와의 파일럿 계약 1건 체결

행동 분석 데이터에 따르면 가장 오래 열람된 콘텐츠는 브랜드 영상과 고객 리뷰 요약본이었고, 기술 자료나 성분 설명서의 체류 시간은 오히려 짧았습니다.

이 사례는 뷰티 산업에서 디지털 무역이 통하기 위해서는 좋은 성분, 예쁜 패키지 이전에 '공감할 수 있는 태도와 감각'을 구조화해야 한다는 점을 명확히 보여줍니다.

바이오 산업: 기술은 언어보다 설득이 먼저다

바이오 기술은 본질적으로 설명이 어렵고 검증에 시간이 오래 걸립니다. 의료 산업은 특히 보수적이고, 기술 도입보다 신뢰 구축이 먼저인 시장입니다. 우리는 이 복잡한 진입 장벽을 무너뜨리는 방법으로, 기술을 중심에 두기보다 '설득의 흐름'을 먼저 설계하는 전략을 택했습니다. 그 핵심은 "이해시키려 하지 말고, 이해되도록 만들자"입니다.

많은 기술 기업이 이렇게 제안서를 시작합니다. "이 기술은 ○○ 기능이 있고, △△ 특허가 등록되어 있으며…" 하지만 의료 현장의 실무자에게 이런 표현은 낯설고 어렵습니다. 그래서 우리는 기술보다 '임상 니즈'에서 출발했습니다.

제안서는 다음과 같이 구성했습니다.

- 시작: "의료진이 이런 상황에서 겪는 불편함은 무엇인가요?"
- 전개: 그 문제를 어떤 흐름으로 해결할 수 있는지 설명
- 강조: 기술 설명보다, 실제 사례와 시각 자료 중심

즉, 말로 설명하지 않고 '이해되게 만드는 흐름'을 콘텐츠 안에 설계했습니다.

실행은 '납득의 타이밍을 설계'하는 것입니다. 이 프로젝트는 일본의 병원 구매 담당자 및 기술검토부서 100명을 대상으로 진행됐습니다. AIDA 전략에 따라 콘텐츠를 구성했고, 행동 분석 설계를 활용해 타이밍까지 전략적으로 맞췄습니다. 바이어 반응 데이터를 요약하면 다음과 같습니다.

- 평균 응답 소요 시간: 3.5일
- 기술 자료 요청: 2건
- PoC 협의 요청: 1건(진행 중)
- 자동 메시지 전송 시점: 제안서 2회 열람 후, 반응할 타이밍 메시지 자동 발송

바이어에게 전달한 메시지는 "지금 기술 검토 중이신가요? 10분 미팅으로 간단히 설명드릴 수 있습니다"였습니다. 이 타이밍 메시지에 응답한 바이어가 PoC를 요청했고, 현재 실무 검토 진행 중입니다.

이 사례는 바이오 산업처럼 복잡한 분야일수록, 기술보다 먼저 설득의 구조가 중요하다는 사실을 다시 한번 알려줍니다.

SaaS 산업: 타이밍이 모든 것을 갈랐다

SaaS 시장은 제품 간 차별화가 어려운 만큼, '기능'보다 '타이밍'이 결정적인 요소입니다. 북미를 타깃으로 한 CRM 솔루션을 제안한 B사 프로젝트에서도, 우리는 '언제, 어떻게 반응할 것인가'를 전략의 중심에 두었습니다. 전략은 '바이어의 시간에 맞춘 흐름 설계'입니다.

컨택 이후 1주일간의 바이어 행동 분석 데이터를 활용하였습니다. 행동 분석 흐름 결과는 다음과 같습니다.

- 1차 열람: 미국 동부 기준 오전 10시
- 2차 열람: 3일 후 같은 요일 오전 9시
- 제안서 5분 열람 및 문서 공유 발생: 내부 검토 흐름으로 판단

그리고 이 시점을 '관심도 최고 단계'로 판단하여 자동 연동 메시지를 전송했습니다. 메시지 내용은 "지금 기술 검토 중이신가요? 간단한 데모 미팅으로 안내드릴 수 있습니다"였습니다. 실행 결과 흐름은 다음과 같습니다.

- 메시지 발송 30분 내 회신

- 당일 데모 미팅 진행
- 파일럿 계약 체결
- 현지 세일즈 파트너 연결
- 전환까지 걸린 시간: 단 15일

전환까지 걸린 시간은 단 15일.
그야말로 데이터 기반 타이밍 설계의 승리였습니다. 물론, 모든 프로젝트가 이렇게 빠르게 진행되지는 않습니다. 하지만 이 사례는 무엇을 말하느냐보다, 언제 말하느냐가 계약을 좌우할 수 있다는 사실을 분명히 보여줍니다.

특히 SaaS와 같이 고객이 스스로 비교하고 판단하는 시장에서는 '반응의 타이밍'이 계약을 좌우합니다. 그리고 그 타이밍 포착은 사람이 손으로 찾아내는 것이 아니라, 데이터가 실시간으로 감지하고 설계된 흐름이 자동으로 움직일 때 비로소 가능해집니다.

기술이 모든 걸 말해줄 수는 없습니다. 그러나 기술이 타이밍을 읽을 수 있다면, 계약은 흐름 속에서 만들어질 수 있습니다.

반복 가능한 수출: 우리는 운이 아니다

과거에는 수출 성과를 이렇게 말하곤 했습니다.

"이번엔 운이 좋았어.",

"좋은 바이어를 만난 덕분이야."

하지만 디지털 무역은 운으로 계약이 이루어지지 않습니다. 모든 성과에는 흐름이 있고, 그 흐름은 구조로 설계됩니다.

▶ 디지털 무역의 5단계 흐름 설계

① 관심 감지: 바이어 관심도 행동 분석 실시간 포착

② 반응 분석: 열람 시간, 클릭률, 제안서 체류 시간, 반복 열람으로 관심도 분류

③ 실행 설계: 자동 후속 메시지, 샘플 제안 흐름 생성

④ 설득 구조화: AIDA 기반 콘텐츠, 시각적 요약, 브랜딩 콘텐츠 구성

⑤ 신뢰 데이터화: 반응을 수치화하고 반복 설득 가능한 포맷으로 저장

우리는 이렇게 설계된 흐름 안에서 계약을 만들었습니다. 그리고 그 흐름은 반복되고 있습니다. 이제 수출은 감각이 아니라 구조

이며, 노하우가 아니라 시스템입니다.

그리고 그 구조는 당신도 설계할 수 있습니다. 처음에는 하나의 계약으로, 다음에는 하나의 흐름으로 이어집니다. 그 흐름은 이미 당신 안에 있습니다.

8장

디지털 무역이
바꾼
사람들

'무역팀'이 아니어도 무역을 한다

디지털 무역이 기업 내부를 바꾸고 있는 것 중 가장 극적인 부분은 '무역'이라는 역할에 대한 인식입니다. 과거에는 무역은 명확히 분리된 전담 업무였습니다. 해외영업부, 무역지원실, 글로벌비즈니스팀 등 전담 부서가 있었습니다. 해외 바이어와의 커뮤니케이션, 전시회 대응, 계약 협상 등의 업무는 전문 부서에서만 수행했습니다.

하지만 디지털 무역의 도입 이후, 이 역할은 더 이상 특정 부서의 전유물이 아니게 되었습니다. 무역은 지금 하나의 기능이자 조직 내 누구나 참여할 수 있는 실행 단위로 바뀌고 있습니다.

◆ 사례: 마케팅 인턴의 무역 실행

한 뷰티 스타트업의 사례는 이 변화를 잘 보여줍니다. 이 회사에는 무역을 전담하는 부서나 직원이 없었습니다. 하지만 마케팅팀의 인턴이 웹사이트 개편을 맡으며 바이어 전용 랜딩페이지를 기획하는 과정에서 무역 흐름에 참여하게 되었습니다.

그는 바이어 행동 분석 기술을 활용해 웹사이트 방문자 중 관심 있는 결정권자의 행동을 분석할 수 있었고, 관심 행동을 보인 바이어에게 자동 메시지가 전달되도록 설정했습니다.

영어 커뮤니케이션이 능숙하지 않았지만, AI가 제안한 메시지와 UX 흐름을 기반으로 바이어와의 첫 이메일 소통을 직접 실행했습니다.

그가 작성한 메시지에는 3건의 회신이 왔고, 1건은 샘플 요청으로 이어졌습니다. 3개월 후, 그는 인턴에서 정규직으로 전환되었고, 새로운 직무명은 다음과 같이 설정되었습니다.

'디지털 무역 전략기획자'

그는 무역 전문가도, 해외 영업 경력자도 아니었습니다. 하지만 그가 한 일은 무역의 전형적인 초기 흐름을 설계하고 실행한 것이었습니다. 이 사례는 디지털 무역이 특정한 자격이나 직무에 의해 수행되는 것이 아니라, 시스템과 흐름에 따라 누구나 실행할 수 있는 구조로 작동한다는 점을 보여줍니다.

오늘날 무역은 전담자가 있는가보다, 실행 구조가 설계되어 있는가가 관건이 됩니다. 그 구조는 시스템을 통해 누구나 접근할 수 있습니다. 조직 내부의 다양한 역할이 자연스럽게 수출 흐름 안에 참여하는 시대가 되었습니다. 디지털 무역은 무역을 단순한 부서가 아니라 전사적인 실행 능력으로 바꾸고 있습니다.

스타트업 팀의 확장: 무역 기획자라는 새로운 직무

디지털 무역이 조직에 내재화되면, 구성원의 역할이 달라지기 시작합니다. 우리를 통해 디지털 무역을 실행하고 있는 여러 기업의 대표님들은 종종 이렇게 말하곤 합니다. "우리 팀엔 무역 담당이 없어요. 대신, 우리 전략기획자가 무역 업무를 합니다." 이 말은 단순한 인력 배치에 관한 것이 아닙니다. 업무의 본질이 바뀌었다는 이야기입니다.

▶ 새로운 무역의 실무자: 전략기획자에서 디지털 무역 기획자로

우리가 만난 한 기술 스타트업의 전략기획 담당자는 T2M(Tech to Market) 실행 구조 안에서 완전히 새로운 방식으로 수출을 주도하고 있었습니다.

그의 하루는 아침 10시에 시작됩니다. 가장 먼저 모니터링을 열어 전날 바이어들의 반응 흐름을 확인합니다. 바이어 행동 분석을 통해 누가 제안서를 열람했고, 어떤 페이지에서 오래 머물렀는지를 체크합니다. 그 데이터를 기반으로 바이어의 반응을 해석합니다. 때로는 해석이 어려운 상황도 있습니다. 그때 그는 ZENA AI(글로벌 진출전략 시장 조사 기반으로 생성하는 전략 AI)와의 대화를 통해 구체적인 반응 데이터를 바탕으로 추론합니다.

오전 11시에는 특히 관심도가 높은 바이어 순으로 랭킹화 되어 있는 모니터링을 보고 지금 바로 연락할 결정권자를 선별합니다. 업무 시간 중 전화나 메시지를 보낼 수 있는 분들의 우선순위를 정리하고, 시간대가 다른 바이어에게 후속 메시지를 보내기 위해 그 사람이 가장 많이 열람하는 시간대에 맞춰서 자동 메시지 전송을 결정합니다.

오후 2시에는 콘텐츠를 검토합니다. AIDA* 전략에 따라 바이어의 산업군과 이전 반응을 고려해, 담당자가 실제 현장에서 가지고 있는 인사이트를 반영하여 메시지 구조를 수정·보완하고, 가장 효과적인 흐름으로 조정합니다.

---

* AIDA: 사람들의 관심을 끌고(Attention) → 흥미를 이어가며(Interest) → 가지고 싶다는 마음을 만들고(Desire) → 마침내 행동으로 이어지게 하는(Action) 단계별 설명 모델.

오후 4시가 되면 지난 3일간 반응이 없었던 바이어를 중심으로 리마케팅 전략을 점검합니다. 콘텐츠를 어떻게 바꿔야 다시 관심을 끌 수 있을지를 회의하고, 다음 실행 흐름을 설계합니다. 그의 업무는 단순한 마케팅이나 영업이 아닙니다. 그는 '관계의 흐름'을 설계하고, '설득의 구조'를 조율하는 디지털 무역 기획자입니다.

▶ 디지털 무역은 직무를 재정의합니다

디지털 무역 기획자는 단순히 '이메일을 보내는 사람'이 아닙니다. 그는 데이터를 읽고, 흐름을 판단하며, 타이밍에 맞춰 설득을 실행으로 전환하는 설계자입니다.

디지털 무역은 무역을 특정 부서의 일이 아닌, 전사적 실행 역량으로 확장시킵니다. 이제는 누가 무역을 맡고 있느냐보다, 누가 흐름을 잘 설계하고 실행하고 있느냐가 수출 성패를 가르는 핵심이 되었습니다.

지역 기업의 전환: 로컬에서 글로벌로

수출은 흔히 '글로벌 진출'이라는 용어와 함께 거론됩니다. 하지만 많은 지역 기반 중소기업에게 글로벌은 여전히 멀고도 막연한 대상입니다. 특히 기술과 인력, 언어, 해외 경험이 제한적인 기업은 더욱 그렇습니다.

부산에 있는 한 식품 OEM 기업도 비슷한 고민을 갖고 있었습니다. 수년간 안정적인 지역 유통망을 기반으로 사업을 운영해왔지만, 코로나 이후 급감한 매출 앞에서 해외 판로를 고민하지 않을 수 없었습니다.

이 기업은 영어에 능숙하지 않았고, 해외 전시회에 참가해본 적도 없었습니다. 그래서 수출이라는 단어 자체가 이들에게는 낯설고 멀게 느껴졌습니다.

하지만 이 기업은 디지털 무역 구조를 도입하면서 완전히 다른 흐름에 접어들었습니다. 변화는 '바이어의 클릭'에서 시작됐습니다.

기업이 처음 한 일은 단순했습니다. Connect AI를 통해 '글로벌 진출 전략 시장 조사'를 하여 전략을 구체화하고, 자사 제품의 특징과 가공 방식을 정리해 '온라인 전시관'과 '디지털 제안서(e-브로슈어)'를 만들고, 단계별 전략으로 우리 식품과 유사한 제품을 유통하는 타깃 시장 바이어, 특히 식품 구매 담당을 타깃으로 삼아 100명에게 연결을 진행하였습니다.

그다음은 시스템이 반응하기 시작했습니다. 제안서가 열람된 지 2시간도 채 되지 않아, 모니터링에 많은 열람 패턴을 감지했고,

해당 바이어에게 맞춤형 후속 메시지를 자동으로 발송했습니다. 이후 첫 회신이 도착했고, 불과 3일 만에 샘플 요청으로 이어졌습니다. 담당자는 시스템이 제안한 응답 메시지 흐름에 따라 회신하고 자료를 전달했습니다. 그리고 3주 후, 일본의 대형 편의점 유통사와 대면 미팅을 진행했고, 샘플 공급 계약이 체결됐습니다.

이 모든 흐름은 영어에 능숙하지 않았던 팀, 해외 경험이 없던 조직, 수출 실적이 전무했던 기업에서 일어난 일입니다.

그 기업의 이사는 이렇게 말했습니다. "우리가 글로벌로 나간 게 아니라, 글로벌이 우리에게 온 겁니다." 이 말은 디지털 무역의 구조가 바꾼 현실을 그대로 보여주는 표현입니다.

디지털 무역은 '해외에 나가는 구조'가 아니라, '지금 있는 자리에서 보이는 방식을 바꾸는 구조'입니다. 디지털 세상에서의 '드러남'을 전략적으로 설계할 때, 지역 기업도 글로벌 시장과 같은 무대에 설 수 있습니다.

이제 중요한 질문은 바뀌었습니다. '나갈 수 있는가?'가 아니라, '보일 수 있는가?'가 핵심이 된 것입니다.

무역이 교육이 된 순간: AI 리터러시로 직무 전환

디지털 무역은 단지 수출을 위한 기술이 아닙니다. 그 자체가 교육의 도구가 되고, 새로운 직무를 만들어내는 환경이 됩니다.

Connect AI 교육 프로그램을 수강한 한 콘텐츠 마케팅 인턴은 불과 3개월 만에 완전히 다른 직무로 전환되었습니다. 그의 시작은 아주 평범했습니다. 블로그 콘텐츠를 기획하고, SNS 일정표를 관리하며, 댓글에 답변을 다는 마케팅 보조 역할이었습니다. 무역에 대한 이해도, 바이어 응대 경험도 없었습니다.

하지만 그는 디지털 무역 도구를 활용해 실행했고, 실행 속에서 학습하며 변화를 이끌어냈습니다.

▶ 실행에서 학습이 시작되다

그는 먼저, AI가 제안한 메시지를 검토하고 다듬는 일부터 시작했습니다. 어떤 단어 하나, 문장 구조 하나가 바이어 반응에 어떤 영향을 주는지를 실행 결과를 통해 바로 확인할 수 있었습니다. 매일같이 바이어의 행동 흐름을 모니터링하면서, 어떤 시점에 어떤 콘텐츠가 반응을 유도하는지를 파악했고, 이해한 내용을 즉시 콘텐츠 설계에 반영했습니다. 그 결과, 3개월이 지나기도 전에 그는 팀에서 이렇게 불리기 시작했습니다. "바이어 응답 확률이 가장 높은 메시지를 설계하는 사람."
이 직무 전환은 단순한 역할 확장이 아닙니다. 새로운 역할이 탄생한 것이며, 그 출발점은 '지식'이 아니라 '읽고 반응하는 감각', 즉 **AI 리터러시였습니다.**
이제 무역 역량은 학력이나 학벌의 결과가 아닙니다. 이 사례는 우리에게 중요한 질문을 던집니다.

"무역은 누구의 일인가?"

예전 같으면, 국제통상 전공자, 해외 영업 경력자, 영어 능통자가 무역을 담당하는 것이 일반적이었습니다. 하지만 지금은 이렇게 말할 수 있습니다. "데이터를 읽고, 흐름을 이해하고, AI 시스템을 활용해 설득 흐름을 설계할 수 있다면 누구나 무역 업무를 할 수 있다."
디지털 무역은 학력이나 직무 경력보다 AI 리터러시와 실행 경험을 바탕으로 유능한 실무자를 만들어내고 있습니다. 이제 수출은 이력서가 아니라, 실행의 흐름 안에서 학습할 수 있는 능력에서 출발하는 시대가 되었습니다.

사람을 중심에 두는 기술: 무역은 결국 사람의 설계

기술은 빠르게 발전합니다. 데이터는 점점 더 정확해지고, AI 시스템은 사람보다 먼저 반응합니다. 하지만 그 기술이 향하고 있는 방향은 언제나 '사람'입니다. 우리가 디지털 무역을 이야기할 때, 그 중심에 놓아야 할 것도 결국 사람과 사람 사이의 연결입니다.

디지털 무역은 단순히 데이터를 수집하거나 자동으로 메시지를 보내는 시스템이 아닙니다. 그 안에는 언제나 보이지 않는 요소들이 함께 작동합니다.

- 타인의 관심을 읽는 감각
- 타이밍을 판단하는 직관
- 설득을 구성하는 태도

우리는 모니터링을 통해 데이터를 해석하고, AI를 통해 메시지를 자동 실행합니다. 하지만 우리가 설계하는 것은 결국 '기술의 흐름'이 아니라 '신뢰의 흐름'입니다.

디지털 무역은 기술을 도구로 사용합니다. 그러나 그 도구가 설계하는 대상은 언제나 사람입니다.

- 누가 관심을 보였는가?
- 언제 연결할 것인가?
- 어떤 말로 설득할 것인가?

이 모든 질문은 결국 사람이 중심에 있을 때 의미를 지닙니다. 디지털 무역은 사람의 설계를 위한 기술입니다. 그리고 그 구조 안에서, 사람은 더 강력하게 연결되고, 더 명확하게 설득하며, 더 깊이 있게 확장됩니다. 기술은 빠릅니다. 그러나 신뢰는 사람의 속도로만 설계됩니다.

9장

실행 가능한 무역 교육, 정책 그리고 생태계

실행은 교실 밖에서 시작된다:
아인이의 인생 첫 비즈니스 제안서 이야기

저에게는 아주 똑똑하고, 가끔은 어른보다 더 현실적인 눈을 가진 아인이라는 이름의 딸이 있습니다. 그리고 저는 이 아이에게서 놀라울 만큼 실용적이면서도 따뜻한 인사이트를 자주 얻습니다.

아인이가 초등학교 5학년이던 어느 저녁입니다. 아이가 슬며시 제 옆에 와서는 이렇게 말했습니다. "엄마, 바다에 쓰레기통이 떠다니는데?" 저는 "그게 스스로 쓰레기를 건지고 줍는 장치야"라고 답해주었습니다. 그러자 아인이는 "우리나라 바다가 너무 더러우니까, 이걸 띄우고 싶어"라고 야무진 포부를 밝혔습니다.

아인이는 인스타그램에서 'Seabin'이라는 해양 쓰레기 수거 프로젝트를 발견했고, 그 제품이 호주 회사에서 만들어졌다는 걸 알아냈습니다. 그리고 아주 진지한 얼굴로 이렇게 제안했습니다. "엄마, 우리 이거 사 오자."

그 순간, 저는 이 제안을 '실행 교육'의 기회로 삼기로 마음먹었습니다. 그래서 아인이에게 이렇게 물었습니다. "왜 호주에 있는 회사가 너에게 그 제품을 팔아야 할까?" 그리고 덧붙였습니다. "네가 그걸 한국에서 잘 팔 수 있다는 걸 어떻게 증명할 수 있을까?"

그리고 그날부터, 아인이의 첫 번째 비즈니스 설계 수업이 시작됐습니다.

◘ 교과서가 아닌 디지털 무역으로 글로벌 시장을 공부하다

아인이는 자신이 왜 이 프로젝트를 하고 싶은지를 스스로 글로 정리했습니다. 그리고 한국 바다의 미세플라스틱 오염 통계를 조사해 시장 분석 보고서를 만들었습니다(이때 한국의 남해 연안 오염도가 매우 높고, 1인당 플라스틱 배출량과 섭취량도 세계 상위 수준이라는 사실을 저도 알게 되었습니다).

요즘 아이들은 저희 때와는 다르게 아주 손쉬운 방법으로 조사도 잘하고, PPT도 빠르게 구성합니다. 처음 컴퓨터를 배우던 게 초등학교 5학년쯤이었던 저에게도, 지금 아이들의 디지털 소통 능력이 월등하게 느껴집니다.

아인이는 제품이 필요한 이유, 설치 가능한 장소, 후원 연계 가능성, SNS 확산 전략까지 포함된 비즈니스 모델 초안을 구성했습니다. 그리고 자신이 직접 작성한 제안 메시지를 저를 통해 'Seabin' 프로젝트 임원 6명에게 전달하였습니다.

며칠 후, 아주 정중하고 따뜻한 거절 회신이 도착했습니다. 장문의 메시지였습니다. 아인이는 너무 감동해서 어려운 단어들을 하나씩 찾아가며 읽었습니다. 그렇게 아인이는 생애 처음으로 따뜻한 비즈니스 거절을 경험하게 되었습니다.

저는 아이가 실망할까 봐 걱정했지만, 아인이는 오히려 이렇게 말했습니다. "어? 그럼 내가 만들어볼까?"

➡ 무역이란 무엇인가, 교육이란 어디에서 시작되는가

그날 저는 무역은 언제나 '실행의 언어'로 시작된다는 것을 분명히 알게 됐습니다. 그리고 교육은 교실이 아니라 '하고 싶다'는 마음에서 출발한다는 것도 깨달았습니다.

아인이가 만든 소박한 제안서는 비록 계약으로 이어지지는 않았지만, 세상과 처음으로 관계를 맺기 위한 진지한 설득이었고 자기 생각을 실천으로 옮기려 했던 첫 번째 흐름이었습니다.

디지털 무역도 마찬가지입니다. 모든 흐름은 질문에서 시작되고, 모든 구조는 '해보고 싶은 마음'에서 출발합니다. 그리고 그것이야말로, 실행 가능한 교육의 진짜 첫걸음입니다.

▲ 아이와 저자가 보낸 제안 메일(위)과 인생 첫 글로벌 비즈니스 회신 메일(아래)

무역을 가르치는 것 vs 무역을 되게 만드는 것

아인이의 경험은 제게 다시 한 가지 중요한 질문을 던졌습니다. "우리는 정말 무역을 '실행'하게 만들고 있는가?"

많은 무역 교육이 정보 중심으로 구성되어 있습니다. 무역 용어, 무역 절차, 계약서 작성법, 인코텀즈(incoterms)…. 지식은 분명 중요합니다. 하지만 저는 거듭해서 깨닫게 됩니다. 무역은 지식을 쌓는다고 이루어지지 않는다는 사실을요.

수출은 무역을 아는 것만으로는 시작되지 않습니다. 직접 움직여보고, 바이어의 반응을 받아보고, 그 흐름을 조정해보는 실전 안에서만 진짜 역량이 생깁니다.

◆ 이론은 3년, 실행은 3주

어느 중소기업의 사례입니다. 이 기업은 지난 3년간 다양한 정부 기관의 무역 교육을 빠짐없이 수강했습니다. 해외 바이어 발굴법, 계약서 작성법, 이메일 영어 작성법까지 체계적으로 학습했지만, 그 기간에 단 한 건의 실질적인 바이어 연결이나 계약도 이루어지지 않았습니다.

그랬던 이 기업이 Connect AI의 실습형 무역 캠프 교육에 참여한 지 단 3주 만에 상황이 달라졌습니다. 화상 미팅을 만들고, 첫 샘플 요청을 받았으며, 계약까지 이어졌습니다. 교육 내용이 특별해서가 아닙니다. 실행할 수 있는 '환경'이 있었기 때문입니다.

이 기업은 실제로 바이어 대상 메시지를 직접 작성했고, 바이어 행동 분석을 통해 반응을 실시간으로 확인했으며, AI를 통해 타이밍 메시지를 실행해봤습니다. 그 결과, 학습이 아닌 변화가 일어났습니다.

◪ 교육은 정보가 아니라 구조를 제공해야 한다

우리는 이제 확신합니다. 무역 교육이 아니라, '실행 교육'이 필요합니다. 그리고 그 교육은 교실 안이 아닌, 실제 시장 안에서 이루어져야 합니다.

바이어가 실제로 반응하는 구조를 경험하고, 내가 보낸 메시지가 어떤 효과를 냈는지를 확인하고, 그 데이터를 바탕으로 전략을 다시 조정하는 이 반복 속에서 학습은 더 이상 지식이 아니라, '실행 역량'이 됩니다.

무역을 단지 가르치는 시대는 끝났습니다. 이제는 무역이 실제로 '되게 만드는' 교육, 즉 실행 가능한 구조를 설계하고, 직접 경험하게 하는 교육이 필요합니다.

Connect AI가 제공하는 건 바로 그 구조이며, 시장과 가장 가까운, 그리고 가장 실행 중심적인 교육 환경입니다.

우리는 확신합니다. 무역 교육이 아니라, 실행 교육이 필요합니다. 그리고 그 교육은 교실이 아니라, 시장에서 이루어져야 합니다.

Connect AI 아카데미: 실행 교육 모델

Connect AI의 디지털 무역 교육은 전통적인 교육 방식과 분명히 다른 철학을 가집니다. 우리는 '이론을 가르치는 교육'이 아니라, '실행 가능한 구조를 직접 경험하게 하는 교육'을 지향합니다.

교육생들은 단순히 무역 개념을 배우는 것이 아닙니다. 그들은 실제 시장의 흐름 안에서 직접 움직입니다. 바이어 데이터를 분석하고, 제안서를 스스로 작성하며, AI를 통해 타이밍 메시지를 실행해보고, 그 반응을 실시간으로 확인합니다. 이러한 흐름 속에서 교육은 더 이상 정보 전달이 아니라, 역량 형성으로 전환됩니다.

▶ 핵심 교육 구성 요소

Connect AI 디지털 무역 아카데미의 실행 교육은 다음 세 가지 핵심 요소로 구성됩니다.

① **바이어 행동 분석 훈련**

바이어 행동 분석 데이터를 기반으로 관심도와 타이밍을 해석하는 실전 대응 훈련

② **AIDA 기반 제안서 실습**

기술 중심 설명이 아닌, '설득 가능한 흐름'을 갖춘 제안서 구조를 실습하고 작성

③ **타이밍 실행 훈련**

데이터 분석 결과를 바탕으로, 가장 적절한 시점에 자동 메시지를 설정하고 실행

이 세 가지는 단순한 연습이 아닙니다. 교육의 시작이자, 실제 무역 흐름을 압축해 체험하는 '설계 훈련'입니다.

▣ 교육 중 계약을 만드는 교육

Connect AI 아카데미는 단지 이론을 배우고 끝나는 교육이 아닙니다. 수료생들은 교육 기간 중에 실제 바이어와 컨택하고, AI 기술을 활용해 회신을 유도합니다. 심지어 수업 중 계약이 성사되는 경우도 종종 있습니다.

어떤 교육생은 제안서 실습 중 작성한 메시지를 실제 바이어에게 보내 '샘플 계약 회신'을 받았고, 또 어떤 교육생은 행동 분석 데이터를 기반으로 샘플 제안 타이밍을 조정해 '성공적인 화상 미팅'을 성사시켰습니다.

이러한 흐름은 단 하나의 가치를 증명합니다. "가장 효과적인 교육은, 실제 시장에서 실현 가능한 구조를 경험하게 하는 것이다." Connect AI 아카데미는 교육이 아닙니다. 실행의 리허설입니다. 그리고 이 리허설이 반복될 때, 누구든 무역을 실행할 수 있는 능력자로 성장할 수 있습니다.

정책은 구조다: 무역 지원 사업의 재설계 제안

그동안 무역 지원 사업은 의미 있는 성과를 만들어냈습니다. 그러나 이제는 변화하는 글로벌 무역 환경과 디지털 흐름에 맞춰, '실행 중심 구조'로의 전환이 필요한 시점입니다.

한국무역협회 울산본부와 Connect AI는 2025년 디지털 무역 실증 사업을 통해 이러한 변화를 구체적으로 증명했습니다. 이 사례는 다변화하는 글로벌 무역 환경에 맞춰 단순한 '지원'이 아닌, '실행을 되게 만드는 정책 구조'로의 이행이 기업들에게 긴요함을 보여줍니다.

그리고 이 변화는 단지 기술이나 도구에 그치지 않습니다. 정책의 패러다임이 '지원을 넘어 실행으로' 이동하는 과정이며, 그 안에 새로운 가능성이 열리고 있습니다.

▶ 구조 전환 전과 후: 예산과 성과의 방향성 변화

2024년 지원 사업은 중소기업의 디지털 기반을 마련하였습니다. 온라인 전시관 등록, 영문 상세페이지, 제안서 작성까지 일괄 제공되는 콘텐츠 중심 지원 덕분에, 기업들은 생애 처음으로 글로벌 마케팅 콘텐츠를 보유하는 경험을 할 수 있었습니다. 그러나 '보유'에서 '실행'으로의 전환은 쉽게 이루어지지 않았습니다.

그래서 2025년부터는 정책의 목적이 '정보 제공'에서 '거래 전환 실현'으로 바뀌고 예산의 방향이 '제작비'에서 '전환 구조 설계'로 근본적으로 변화해야 한다고 제안하였습니다. 2024년 방식의 가장 큰 한계는 다음과 같았습니다.

성과 추적의 단절

기업들은 구글 SEO 광고를 통해 전시관에 유입되는 트래픽을 확인할 수 있었지만, 그 유입에서 '누가', '어떤 관심을 가지고', '어디까지 봤는지'를 알 수 없었습니다. 결국, 의미 있는 거래 문의가

올 때까지 기다리는 수밖에 없었습니다. 성과는 측정 불가능했고, 만족도는 낮았습니다.

기업 간 성과 격차

동일한 콘텐츠를 보급했지만, 기초 인지도가 높은 기업만 미팅으로 연결되었고, 다수의 기업은 반응조차 없는 구조 속에서 콘텐츠만 쌓였습니다.

성과의 일회성

운 좋게 바이어와 연결된 경우에도 후속 대응 구조가 없어, 장기적 수출 파이프라인으로 이어지지 못했습니다.
안타까운 부분을 이렇게 요약할 수 있었습니다.

"광고는 되었지만, 연결은 없었다. 콘텐츠는 있었지만, 거래는 생기지 않았다."

이 지점에서 우리는 '보여주는 정책'에서 '이루어지는 정책'으로의 구조 전환을 고민해야 했습니다.

참고 | 2024년 vs. 2025년 주요 내용 비교표

비교 항목	2024년 기준	2025년 기준
참여 기업 구성 및 산업 특성	일반 제조·소비재 중심	고부가 제조업 + CBAM 대응 기업 중심 집중화
기술 적용 범위 및 활용도	플랫폼 기반 간접 노출	AI 기반 실시간 컨택, RTDIA 실시간 바이어 행동 데이터 분석 도입
정량 성과 지표	바이어 미팅 건수, 상담 금액, MOU 체결 건수, eDM 발송 건수, 전시관 트래픽	바이어 매칭 건수, 제안서 열람률, 화상 미팅 전환율, 글로벌 바이어 결정권자 연결 건수, 개별 바이어 행동 데이터 분석, 관심도 기반 바이어 등급화, 디지털 명함 제공 수
정성 성과 지표	일부 참여 기업 중심 성과와 사례 우세, 성과 불균형 존재	기업별 체감 만족도 향상, 바이어 응답속도 증가, 실무 피드백(예: 명함 확보, 반응 기반 후속 대응 등)
성과의 지속성 및 활용성	1회성 컨택 + 사후 미흡, 성과 단절 우려	전시회, 사후 뉴스레터 연계, 관심 바이어 DB 자산화, 지속 세일즈 구조 형성
성과 관리 및 보고 체계	사후 수기 보고 위주, 성과 정리 중심	실시간 바이어 행동 분석 기술 기반 피드백 수집, KPI 중심 월간 리포트 체계 구축
예산 구조 및 배분 전략	콘텐츠·디자인 중심 일괄 지원	바이어 DB 중심 전략 마케팅 구조, 전환율 기반 맞춤형 예산 설계

▶ 주요 추진 내용 및 전략 고도화

① 맞춤형 글로벌 진출 전략 시장 조사 리포트 제공

- 참여 기업별로 수출 역량, 인증 보유 현황, 제품 특성, 주요 경쟁국 동향 등을 분석한 전문화된 전략 보고서를 신규 제공

- 예: ○○ 기업의 경우, 산업용 윤활유 분야에서 광산업이 발달한 남미(칠레) 및 조선·자동차 기반이 강한 유럽을 핵심 시장으로 설정
- 마찰 저감 기술의 탄소 배출 절감 효과를 강조한 영문 USP 문구를 개발하여 바이어 커뮤니케이션 콘텐츠에 직접 적용
- 해당 보고서에는 타깃 국가 현지 유통사, 장비 제조사 등 바이어 DB도 포함되어 있어, 이후 Connect AI 컨택 전략에 정확히 반영

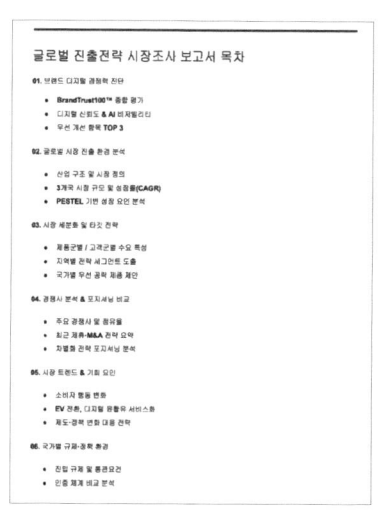

▲ 글로벌 진출 전략 시장 조사 보고서

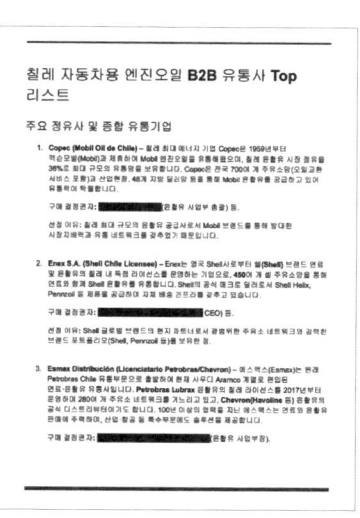

▲ 박람회 사전 비즈 매칭 기업 리스트 자료

② AI 기반 실시간 바이어 컨택 및 모니터링 도입

- 2025년에는 기존 수동 응대 중심에서 벗어나, AI 기반의 바이어 행동 데이터 분석 시스템을 통해 실시간 컨택, 행동 분석, 세일즈 시나리오 자동화의 A/B 테스트 기반 디지털 영업 체계를 구축
- 매월 약 200건의 기업 맞춤형 글로벌 결정권자 DB를 산업군·직책별로 정제하여 이메일 컨택: 제안서 열람률 100% 도달(2025년 6월 기준)
- 제안서 열람 여부, 제안서 열람 시간, 클릭 후 이탈 페이지 등 구체 데이터 기반 리드를 등급화하여 반응 바이어에 한해 2차 메시지 전송 및 화상 상담 유도 시나리오 적용

▲ 실제 컨택 메시지 현황

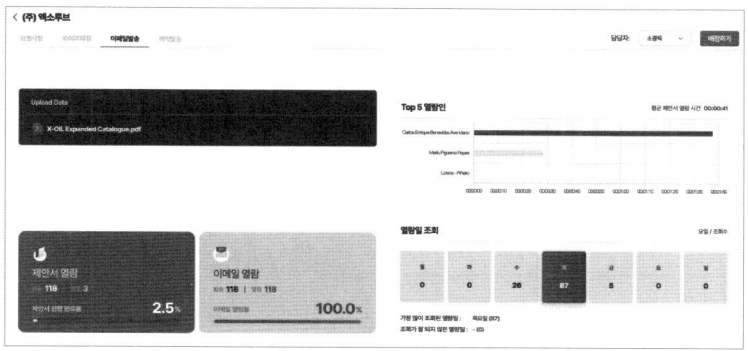

▲ 1차 컨택 총 118명의 칠레 박람회 초대 대상 기업 실시간 모니터링

- 사례: ○○ 기업의 6월 25일 컨택 결과, 이틀간 118명의 의사결정권자(C-level)에게 박람회 초대 이메일 발송(6월 27일 2차 이메일 발송 기준)
  - 100% 이메일 열람
  - 1차 컨택에 12% 이상의 바이어가 제안서 클릭, 제품 브로슈어 검토 등 높은 관심도
  - 홈페이지(kita-green.com, 구 kita-cbam.com)로 2개 기업 유입 확인

▲ 칠레 박람회 초대 기업 kita-cbam 홈페이지 실시간 유입 현황(6월 24일 컨택 당일)

- 이를 바탕으로 기업 측과 화상 상담 일정을 즉시 조율하고, 추가 자료를 제공함으로써 영업 기회 전환 및 거래 전환 가능성과 영업 집중도 상승

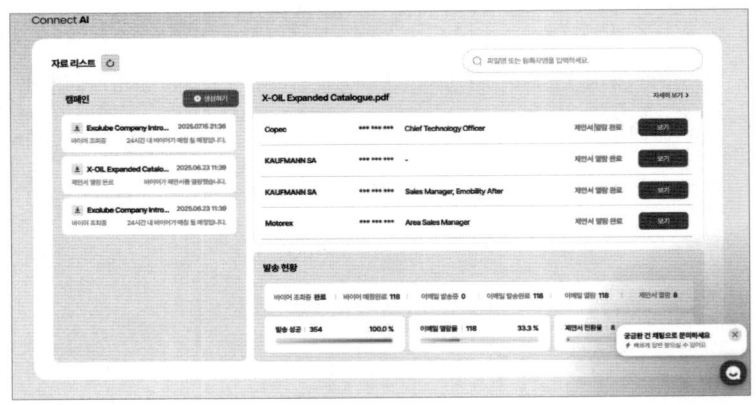

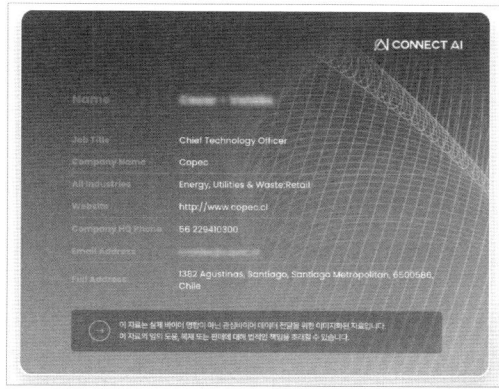

▲ 칠레 박람회 초대 기업 중 관심도 높은 기업 결정권자 데이터 구축 화면

③ 온라인-오프라인 연계 전략 강화

- 2025년 사업은 단순한 디지털 마케팅을 넘어, 국제 박람회 등 오프라인 전시 활동과의 사전 연계를 강화
- 자동차 부품 관련 해외 오프라인 박람회 참가 전 사전 타깃 바이어 명단을 확보하고 초청 이메일 발송 및 응답 모니터링을 시행하여 바이어가 전시회 전 제품 정보를 열람한 뒤 부스를 방문하도록 유도: 실제 대면 연결 확률 제고
- 전시회 종료 이후에도 관심 바이어 정보를 기반으로 사후 뉴스레터 발송, 견적서 전달, 장기 DB 관리까지 이어져 지속 가능한 세일즈를 통해 실질적인 수출 성과로 이어지게 함

2025년 사업은 '디지털 무역 → 실시간 전환형 마케팅 → 오프라인 실거래 연계 → 지속 가능 세일즈화'의 전 과정을 설계하며, AI 기술, 맞춤형 전략, 영업 자동화라는 세 요소를 기반으로 한 고도화된 글로벌 진출 지원 체계로 자리 잡고 있습니다.

이처럼 2025년 울산형 디지털 무역 사업은 단순한 마케팅 활동을 넘어, AI 기반 전환 흐름 설계 → 바이어 관심도 데이터 추적 → 실거래 연결 → 장기 세일즈 전환까지 전체 무역 실행 구조를 하나의 흐름으로 통합하는 전례 없는 시도를 실현하고 있습니다. 이는 단순한 도구의 도입이 아닌 구조 자체의 전환이며, 정책이 '정보 제공'이 아닌 '전환 설계'로 진화할 수 있음을 보여주는 실증 사례입니다.

무엇보다 이 구조는 기업·정책 기관·플랫폼이 동일한 데이터를 기반으로 실시간 판단과 실행을 공유하는 구조이며, "실적이 아니라 흐름을 설계하는 정책"이라는 새로운 방향성을 증명하고 있습니다.

▶ 실무 담당자의 역할 변화: 함께 성장하는 구조

정책 담당자 역시 큰 전환의 흐름 속에 있습니다. 과거에는 콘텐츠 관리, 기업 응대 중심의 행정 실무가 주요 업무였다면, 지금은 **모니터링 관제, 대시보드 분석, 계약 가능성 기업 선별, 성과 예**

측 기반 후속 지원 기획 등 전략적 정책 실행자로의 역할이 확장되고 있습니다.

이는 기존의 노력을 대체하는 것이 아니라, 이미 축적된 경험과 정책 운영 노하우에 디지털 도구와 흐름 설계 역량이 더해진 '진화의 흐름'입니다.

✦ 실증 결과: 함께 만든 변화

2025년 디지털 무역 실증 사업은 정책이 단순한 '지원'에서 '실행'으로 전환될 수 있음을 보여주는 강력한 사례가 되었습니다.

바이어 반응 기반 성과 구조

- 제안서 열람률, 행동 데이터 기반 회신율, 관심도 등 실질적 반응 지표를 중심으로 성과를 측정
- 단발성 매칭이 아닌, 계약 전환 가능성 중심의 리드 흐름 추적 체계 구축

정책 운영의 디지털화

- 수기로 작성되던 기업별 보고서는 자동화된 KPI 기반 디지털 리포트로 전환
- 기관 – 참여 기업 – Connect AI가 실시간으로 공유하는 3자

모니터링 체계를 통해, 기업별 반응·성과·우선 대응 바이어를 즉시 파악하고 전략적 후속 대응 가능

정책 설계 방식의 구조적 변화
- 단기 성과 중심에서 반복 가능하고 전환 중심의 구조 설계로 전환
- 교육-시장 조사-바이어 컨택-성과 관리까지 하나의 전환 흐름으로 통합

◘ 함께 만든 구조, 함께 가야 할 방향

이 변화는 어느 한 사람의 성과가 아닙니다. 기관, Connect AI, 그리고 수출 기업들이 함께 설계하고 함께 실증한, 정책 공동 설계의 실천 사례입니다.
우리가 확인한 사실은 명확합니다.

정책은 실행을 설계할 때, 기업의 변화를 이끌어낼 수 있습니다.
예산은 제작비가 아니라 구조에 투자될 때 지속성을 가집니다.
담당자는 전달자가 아닌 전략 설계자이자 실행 설계자여야 합니다.

무엇보다 중요한 변화는 데이터의 정확성과 투명성입니다. 바이어 행동 데이터는 기업별로 정밀하게 수집되며, 제안서 열람, 타이밍 메시지 발송, 반응 추적까지 맞춤형 흐름으로 전개됩니다. 이 모든 정보는 기업-기관-플랫폼이 동일한 화면에서 실시간으로 확인하며, 책임과 성과를 명확히 하고, 모든 참여자가 전략적으로 대응할 수 있는 기반이 됩니다.

➡ 초연결 사회 진입: 다음을 향한 제안

우리는 이 구조가 한 지역에서만 머물러선 안 된다고 믿습니다. 이 실행형 구조는 다른 지역, 다른 산업에도 확장 가능하며, 무역 지원 정책의 본질적 혁신을 위한 새로운 기준점이 될 수 있습니다.

울산에서 시작된 이 변화가, 전국적인 디지털 무역 정책 모델로 자리 잡을 수 있도록 앞으로도 현장과 함께 설계하고, 데이터를 중심으로 개선하며, 실행으로 증명하는 구조를 만들겠습니다.

생태계란 연결의 흐름이다

무역을 단지 '계약'으로만 생각하면, 그 순간은 중요하지만, 곧 사라집니다. 계약은 결과일 뿐이고 생태계는 그 결과를 반복 가능하게 만드는 구조입니다. Connect AI는 무역을 하나의 '이벤트'가 아닌, 끊임없이 이어지는 흐름으로 설계합니다. 그 흐름은 다음과 같은 순환 구조로 작동합니다.

1) 교육이 시작점

단순한 강의가 아닌, 실제 메시지를 작성하고 바이어의 반응을 실시간으로 경험하며 시스템을 통해 데이터를 직접 읽고 해석하는 경험 중심 교육입니다.

2) 실행이 뒤따름

작성한 메시지를 바이어에게 전송하고 행동 데이터를 기반으로 응답 흐름을 분석하며 AI를 활용해 타이밍에 맞춘 후속 메시지를 자동으로 실행합니다.

3) 데이터 축적

열람률, 회신율, 응답 시간, CTA 클릭률 등 다양한 행동 데이터가 기록됩니다. 이 데이터는 어떤 콘텐츠와 흐름이 실제 전환으로 이어졌는지를 알려주는 전환 기반 피드백 지표가 됩니다.

4) 흐름은 평가로 전환

참여 기업 수나 만족도 설문이 아니라, 바이어의 반응 질, 계약 전환률, PoC 연결률 등 실질적인 성과 지표가 평가 기준이 됩니다.

5) 성과는 후속으로 이어짐

회신을 받은 바이어는 샘플 요청으로, 샘플은 실증 기반 PoC로, PoC는 계약과 실적 그리고 정책 연계·후속 투자로 확장됩니다.

6) 경험은 다시 교육으로 환류

교육생이 직접 계약을 이뤄낸 실전 사례는 다음 교육생에게 가장 생생한 전략 지침이 됩니다. 그 축적된 확신은 결국 조직과 지역 안에서 "우리는 할 수 있다"는 실행의 문화를 형성하게 됩니다. 이것이 우리가 설계한 '디지털 무역 생태계'입니다.

교육 → 실행 → 데이터 → 평가 → 후속 지원 → 다시 교육이 흐름이 끊기지 않고 순환될 때, 무역은 단발성이 아닌 지속 가능한 성장 구조로 정착됩니다. 이 생태계는 특정 산업이나 수도권에만 국한되지 않습니다. 지역 안에서도, 산업 안에서도 충분히 작동할 수 있습니다.

단 한 번의 수출 성공이 중요한 것이 아니라, 그 성공을 반복 가능하게 만드는 환경이 중요한 시대입니다. 실행 가능한 구조, 계속되는 흐름, 데이터에 기반한 전략. 그 흐름이 끊이지 않을 때, 그 현장이 바로 '무역 생태계'가 작동하는 자리입니다.

실행 생태계를 만드는 사람들: 무역은 팀이다

마지막으로, 이 모든 구조의 중심에는 '사람'이 있습니다. 그리고 그 사람은 결코 혼자 일하지 않습니다. 무역은 더 이상 한 명의 해외 영업 담당자가 제안서를 쓰고, 이메일을 보내고, 계약을 추진하는 일이 아닙니다. 지금의 무역은 이렇게 작동합니다.

하나, 콘텐츠 설계자: 브랜드의 감도, 제품의 특징을 담아 바이어가 이해할 수 있는 언어로 메시지를 구성합니다. 콘텐츠 설계자는 기술 설명이 아니라, '설득의 흐름'을 만드는 사람입니다.

둘, 데이터 분석자(해설자): 바이어가 어떤 메시지를 클릭했고, 어디서 이탈했는지를 실시간 바이어 행동 분석 기술로 분석합니다. 데이터 분석자는 숫자를 넘어 '의도와 맥락'을 읽는 사람입니다.

셋, 메시지 실행 담당자: 분석된 데이터를 기반으로 어떤 타이밍에 어떤 메시지를 보낼지 설계하고, ZENA에 등록해 실행 시퀀스를 만듭니다.

넷, 디지털 무역 전략가: 계약 조건을 조율하고, 정책 지원을 연결하며, 조직 내 리소스를 조정합니다. 디지털 무역 전략가는 무역 흐름의 '허브'이자 방향 설정자입니다.

그리고 이 모든 흐름의 시작점에는, "이걸 한번 해보자"라고 말하는 한 사람의 용기가 있습니다. 그 시작이 생태계를 움직이게 합니다.

무역은 팀입니다. 그리고 실행 생태계는, 그 팀이 움직일 수 있도록 설계된 구조에서 출발합니다.

정책은 이 구조가 끊기지 않도록 설계되어야 하고, 교육은 이 구조를 직접 경험하게 만들어야 하며, 조직은 이 구조가 반복될 수 있도록 자율성과 지원을 병행해야 합니다.

무역 생태계는 복잡한 것이 아닙니다. '실행이 끊기지 않는 연결'이 생길 때, 그 자체가 생태계입니다. 그리고, 이 책이 전해온 모든 메시지는 하나로 수렴됩니다.

"무역은 기술이 아니라 사람과 흐름의 연결로 완성되는 설계다."

그리고 그 설계를 반복 가능한 구조로 바꾸었을 때, 그 구조는 누구에게나 실행 가능한 무역이 됩니다. 이제, 당신이 그 구조를 실행할 차례입니다.

닫는 글

디지털 무역의 시작을 위하여

무역은 흐름입니다. 그리고, 당신도 그 흐름 위에 설 수 있습니다. 우리는 이 책을 통해, '무역'이라는 단어에 새로운 정의를 부여하고자 했습니다. 무역은 더 이상 일부 전문가의 영역이 아니며, 한 번의 전시회, 한 장의 계약서로 끝나는 이벤트도 아닙니다. 무역은 관계를 설계하는 일이며, 그 관계는 '설득 가능한 흐름' 안에서만 만들어질 수 있습니다.

우리는 기술을 다루었지만, 기술만으로는 계약을 만들 수 없다는 사실을 확인했습니다. 데이터는 방향을 보여주었지만, 설득은 결국 사람이 했고, 변화는 실행에서 시작되었습니다.

이제 무역은 시스템으로 실행되고, 팀이 협력해 흐름을 설계하며, 정책이 그 구조를 지원하는 시대로 진입하고 있습니다.

당신이 지금, 무역을 처음 시작하는 사람이든 이미 수출 현장의 한가운데에 있는 사람이든, 이제 필요한 것은 더 많은 지식이 아닙니다. 당신에게 필요한 것은 '실행 가능한 구조'와 '연결을 감각하는 능력'입니다.

이 책이 그 구조를 설계하는 데 있어 작은 나침반이 되었기를 바랍니다. 그리고 지금 이 순간, 당신이 '첫 실행'을 시작한다면, 그 순간이 바로, 디지털 무역의 시작입니다.

감사의 글

Connect AI를 함께 만들어가는 모든 동료와 파트너들께 깊이 감사드립니다.

먼저, 우리의 정신과 몸의 건강을 늘 살펴 주시는 안창용 대표님께 고마움을 전합니다.

올해로 10년을 가장 가까운 자리에서 기쁨도 무게도 함께한 임지혜 이사, 지적 파트너이자 든든한 동행인 최건식 대표에게도 감사의 마음을 남깁니다.

세계를 무대로 신뢰를 쌓아 온 전 세계 디지털본부 동료들, 여러분의 실행력이 오늘의 우리를 만들었습니다.

마지막으로, 내 삶의 이유이자 미래의 용기인 딸 아인이, 그리고 아인이와 함께 해피플래닛 AI의 내일을 이끌 채은이와 현준이에게 사랑과 감사의 마음을 보냅니다.

여러분 덕분에 우리는 연결을 현실로 만들 수 있었습니다.

Thanks to you, we move forward.

KI신서 13836

초연결 지구에서 무역하라

1판 1쇄 인쇄 2025년 9월 22일
1판 1쇄 발행 2025년 10월 6일

지은이 양송이 최건식
펴낸이 김영곤
펴낸곳 (주)북이십일 21세기북스

인문기획팀 팀장 양으녕 **책임편집** 이지연 **마케팅** 김주현
디자인 푸른나무디자인
영업팀 정지은 한충희 장철용 남정한 강경남 황성진 김도연 이민재
제작팀 이영민 권경민

출판등록 2000년 5월 6일 제406-2003-061호
주소 (10881) 경기도 파주시 회동길 201(문발동)
대표전화 031-955-2100 **팩스** 031-955-2151 **이메일** book21@book21.co.kr

ⓒ 양송이 최건식, 2025
ISBN 979-11-7357-546-4 03320

(주)북이십일 경계를 허무는 콘텐츠 리더

21세기북스 채널에서 도서 정보와 다양한 영상자료, 이벤트를 만나세요!
페이스북 facebook.com/jiinpill21 **포스트** post.naver.com/21c_editors
인스타그램 instagram.com/jiinpill21 **홈페이지** www.book21.com
유튜브 youtube.com/book21pub

 당신의 일상을 빛내줄 **탐**나는 **탐**구 생활 〈**탐탐**〉
21세기북스 채널에서 취미생활자들을 위한 유익한 정보를 만나보세요!

* 책값은 뒤표지에 있습니다.
* 이 책 내용의 일부 또는 전부를 재사용하려면 반드시 (주)북이십일의 동의를 얻어야 합니다.
* 잘못 만들어진 책은 구입하신 서점에서 교환해드립니다.